Serie de Eficiencia Mental – Libro 3

La Administración Eficaz del Tiempo

Aumenta tu productividad
y aprende cómo organizar
mejor tu tiempo

Josué Rodríguez

ÍNDICE

Introducción

Imagina que existe una entidad bancaria que cada mañana está dispuesta a acreditar tu cuenta personal con $86,400 dólares.

El único problema es que no acumula el balance depositado de día en día, sino que cada noche el banco borra cualquier parte del saldo que no se utilizó durante esa jornada.

¿Qué harías? Por mi parte, yo sacaría cada centavo todos los días, por supuesto. Algo parecido pasa con cada uno de nosotros, ya que tenemos esa entidad bancaria, solo que su nombre es "tiempo."

Todas las mañanas se te acreditan otros nuevos 86.400 segundos a tu día, y todas las noches esos segundos llegan a su final. Se pueden dar como perdidos si no los has invertido para un buen propósito.

El tiempo no lleva un balance, no permite ningún sobregiro. Cada día deposita esos segundos y cada noche los extrae. Si no puedes utilizar los depósitos que recibiste ese día, el único que pierdes eres tú. No hay vuelta atrás.

Por eso es que debes vivir tu presente con los depósitos de hoy, e invertirlos con el fin de lograr tus metas y todos los objetivos que te has propuesto.

En este libro aprenderás estrategias ya probadas, simples y efectivas para administrar tu valioso tiempo.

Este libro no te enseñará a que simplemente te olvides de tus tareas y obligaciones, sino que te mostrará cómo realizarlas de una manera más eficiente, con el fin de que puedas preocuparte por tus prioridades principales.

El objetivo de este libro es enseñarte a que aprendas a gestionar tu tiempo para que seas más eficiente y productivo, no solamente más rápido.

En los primeros capítulos veremos algunas definiciones y te ayudaré a entender qué es lo que contribuye a tus problemas de administración del tiempo, como así también los hábitos personales que te hacen perderlo.

En el tercer capítulo, Bill Peterson comparte el Pensamiento "Lean" aplicado a la vida diaria, y luego veremos cómo ahorrar tiempo y crear prioridades.

También aprenderás estrategias personales de administración del tiempo, cómo planificar y ordenar tu vida y cómo llevar tu productividad al máximo nivel.

En algunos de los capítulos que siguen encontrarás asignaciones cortas. Estas "tareas" te ayudarán a aprender, lenta pero progresivamente, cómo estás administrando el tiempo actualmente, y te ayudarán a eliminar de tu vida todas aquellas actividades que te hacen perder el tiempo.

También veremos historias reales de personas que han adoptado estas estrategias para lograr una mejor gestión del tiempo, resultando en mayor productividad y el logro de las metas definidas anteriormente.

1

Todo el Mundo Necesita Tiempo

"El tiempo es mucho más valioso que el dinero. Usted puede conseguir más dinero, pero no más tiempo." Jim Rohn

El tiempo es algo que todo el mundo afirma que le hace falta, y sin embargo, si todos fuéramos un poco más eficientes conforme nuestro día va transcurriendo, tendríamos suficiente tiempo para hacer todas las cosas que necesitamos.

Un profesor de una universidad estaba dando una conferencia antes de los exámenes finales y justamente estaba hablando sobre la gestión del tiempo. En su escritorio tenía una bolsa de arena, una bolsa de canicas, algunas piedras y un cubo. A continuación llenó el cubo con las piedras más grandes, las cuales eran de aproximadamente cinco centímetros de diámetro, y una vez que hubo finalizado le preguntó a su clase si el cubo estaba lleno. Toda la clase asintió dando su aprobación.

Así que el profesor tomó la bolsa llena de canicas y las echó al cubo, las cuales rápidamente llenaron los espacios vacíos entre las piedras. Los estudiantes se rieron. Luego preguntó otra vez si el cubo estaba lleno. Todos los estudiantes coincidieron en que sí, estaba lleno finalmente.

Pero el profesor tomó la bolsa con arena y la vació dentro del cubo. Por supuesto, la arena llenó todo lo demás.

"Ahora bien," dijo el profesor, "Esta es una analogía de la mala gestión del tiempo en sus propias vidas. Las piedras son las cosas importantes: sus familias, sus parejas, su salud y sus hijos. Las piedras representan cualquier cosa que si la perdieras tu vida sería casi casi destruida.

Las canicas son las otras cosas en la vida que importan, pero en menor escala. Éstas representan las cosas como el trabajo, sus casas, o sus automóviles.

La arena, en cambio, es todo lo demás, las "cosas

pequeñas" y muchas veces sin importancia. Si yo hubiera puesto la arena o las canicas en primer lugar no hubiera quedado espacio para las piedras.

Lo mismo ocurre con sus vidas. Si derrochamos todo nuestro tiempo y energía en las cosas pequeñas y en las cosas materiales, nunca tendremos lugar para las cosas que son verdaderamente más importantes.

Presten atención a las cosas que son importantes en su vida y pasar tiempo en la Importante.

Lo que acaba de suceder tiene mucho que ver con la gestión del tiempo, pues si se ocupan en completar sus mayores tareas en primer lugar, dejarán el espacio necesario para completar todas las otras tareas medianas, y a continuación, las más pequeños. Si lo hacen al revés, completando las tareas más pequeñas al principio, pasarán tanto tiempo en ellas que ya no tendrán el tiempo necesario para ocuparse de las tareas más importantes."

Sabio consejo el del profesor: "Establece tus prioridades, el resto son sólo canicas y arena."

¿Eres de esas personas que siente que el tiempo es un desafío constante? ¿Sientes que el tiempo es algo que te asalta en vez de ser tú quién lo ataque?

Si lo eres, tienes en tus manos el libro correcto para que puedas resolver todos tus problemas relacionados con el tiempo. La mayoría de las personas se dan cuenta durante su vida de que si aprenden a administrar el tiempo de manera eficiente, serán capaces de lidiar con el estrés y crear un ambiente productivo, feliz y saludable en el cual poder trabajar, jugar y vivir.

Creo que por esa misma razón el famoso actor Hugh Jackman dijo: "El secreto de la vida moderna es encontrar el punto justo en cuanto a la gestión del tiempo. Tengo dos hijos, una carrera y viajo frecuentemente, y no creo que mi vida sea diferente de la mayoría de las parejas. El bien más valioso para muchas personas en la actualidad es el tiempo y cómo hacemos uso de él."

Para entender mejor la correcta gestión del tiempo, primero tienes que entender cómo administrarlo. Generalmente este es el obstáculo más grande que uno tiene que superar antes de poder adoptar estrategias para administrar efectivamente el tiempo.

¿Cómo administras el tiempo? El problema número uno con el que se topa la gente cuando trata de ser exitoso, llevar a cabo tareas del trabajo o simplemente seguir adelante con su día, es encontrar suficiente tiempo para hacer todo lo que quieren en el corto tiempo que ellos piensan que tienen disponible. Por lo general esto es el resultado de su falta de habilidad para administrar el poco tiempo que les queda.

La clave aquí es darse cuenta del hecho de que el tiempo no es algo estático. El tiempo más bien es dinámico, cambia diariamente conforme uno va cambiando la mentalidad, el punto de vista y las perspectivas. Si quieres aprender a administrar tu tiempo mejor es importante que te des cuenta de la elasticidad del mismo.

La administración del tiempo viene en varias formas y tamaños. Los teóricos y los consultores de empresas la han estudiado, han planteado hipótesis acerca de ella y han presentado muchas teorías diferentes o paradigmas, todos relacionados con cómo uno debería administrar su tiempo.

En este libro aprenderás estrategias ya probadas, simples y efectivas para administrar tu tiempo. Antes de que aprendas cómo administrar tu tiempo, primero tienes que entender lo que significa realmente administrarlo. Esto quiere decir que hay que "definir" administración del tiempo.

Definición de Administración del Tiempo

La administración del tiempo significa muchas cosas diferentes para muchas personas diferentes. La mejor manera de definir la administración del tiempo es primero entendiendo los términos "tiempo" y "administración", los cuales pueden tener diferentes significados para aquellos involucrados. Algunas personas ven estos dos términos e intercambian su orden, describiendo la administración del tiempo como el tiempo que se administra, o la secuencia que dicta el orden de los eventos.

El Tiempo Significa Cosas Diferentes para Diferentes Personas

No existe una definición universal del tiempo, lo que hace difícil asignarle un valor, especialmente cuando el valor del tiempo es diferente para cada persona.

En cuanto a esto, comparto un extracto de mi libro "El Secreto de los Nuevos Ricos", que publica esta misma casa editorial:

Todo el tiempo que tenemos tiene un cierto valor, y la manera en que piensas acerca del tiempo afectará lo que pasa dentro y fuera de tus negocios por el resto de tu vida. Tienes que valorar mucho tu tiempo, de lo contrario nadie lo hará.

La mayoría de las personas no tienen idea de cuánto vale su tiempo, ni tampoco cómo incrementar ese valor. Si no sabes cuánto vale tu tiempo entonces no sabrás cómo tomar decisiones efectivas a la hora de las actividades que necesitas hacer tú y las que necesitas delegar.

Los nuevos ricos saben cuánto vale su hora productiva de trabajo. Saben que su tiempo no productivo es hablar con amigos, navegar en Internet, revisar y enviar correos electrónicos, atender el teléfono, estudiar, revisar estadísticas, organizar su escritorio, etc.

Leer un libro, aunque sea relacionado con el trabajo, y el cual contenga las ultimas tácticas para generar dinero, tampoco es tiempo productivo hasta que pones en práctica lo que has leído. Es importante diferenciarlo porque la mayoría de oportunistas confunden el aprender con el obtener.

Cualquier nuevo conocimiento no tiene valor alguno para tu negocio y para tu vida sino hasta que es implementado y puesto en práctica.

Por supuesto, no estoy diciendo que las actividades antes mencionadas no tienen que hacerse, son necesarias, pero lo que me gustaría resaltar es que muchas tareas que pensamos que son productivas en realidad no lo son. Son simplemente tareas de mantenimiento, porque lo tienes que hacer o porque tu negocio te lo pide, es parte de tu vida diaria.

El tiempo productivo tiene que ver con crear productos, mejorar tus servicios, administrar proyectos, conseguir nuevos contratos, etc. Los nuevos ricos tienen muy en claro cuáles son sus actividades productivas y crean un sistema alrededor de esas tareas.

La parte de la "administración" del tiempo es aún más difícil de definir, porque existen muchas escuelas diferentes que tratan la teoría de la administración. No necesariamente puedes controlar el tiempo, porque el tiempo está continuamente transcurriendo. Así que la meta de la administración relacionada al tiempo es similar a volverte más organizado de manera que te ocupes de la secuencia de eventos que tienes que realizar de una manera ordenada y elegante.

Para el propósito de este libro, definimos la administración del tiempo como la estructuración, el orden y la organización de actividades y eventos de una manera que permita la mayor productividad, eficiencia y finalización de los asuntos prioritarios de una forma atractiva y sin estrés. ¡Esta es una gran manera de definirla! Siéntete en completa libertad de acomodarla, reacomodarla o agregarle más conceptos si lo deseas, conforme vayas leyendo este libro.

La Historia de la Administración del Tiempo

Aunque la idea pueda parecer tonta, las personas comenzaron a ver el tiempo como algo que podían administrar a inicios del siglo XX. Fue en ese momento cuando comenzaron a aparecer muchos libros que trataban acerca de cómo las personas podrían administrar mejor su tiempo.

La administración del tiempo con frecuencia estaba asociada con un mayor éxito o con la capacidad de ser más exitoso en menos tiempo. Uno podría pensar que esto ocasionaría un ahorro de tiempo, y por consiguiente, las personas podrían usar su tiempo más eficiente y eficazmente. Después de todo, si podías llevar a cabo más cosas en menos tiempo, entonces tendrías más tiempo para disfrutar de actividades placenteras, ¿verdad?

Algunas personas han sugerido que el "concepto" de administrar el tiempo es tan viejo como los antiguos griegos, a pesar de hay pocos registros que realmente representan al hombre antiguo preocupado por la administración del tiempo. Sin embargo, existen glifos y otros símbolos que fueron usados por muchas culturas que sugieren que en los tiempos antiguos las personas se preocupaban un poco por el tiempo, aunque fuera solamente para darle seguimiento a las estaciones y a los días.

Conforme transcurrió el tiempo las personas comenzaron a sentir la necesidad de controlar el tiempo. Esto es particularmente cierto una vez que ingresamos al periodo del tiempo moderno, donde la tecnología le permitió a las empresas y a las personas llevar a cabo las tareas más rápida y eficientemente, y con una mejor calidad que la de los tiempos antiguos. Debido a los avances en la tecnología y a la constante necesidad de mantenerse a la cabeza o ser competitivos, muchas personas hoy en día ven al tiempo como algo que tienen que tener totalmente controlado.

Por ejemplo, los gerentes frecuentemente consideran al tiempo como un estimado de la productividad y el éxito en el lugar de trabajo. Muchos gerentes sienten que entre más rápidamente puedan lograr algo, mejor será su productividad. Sin embargo, cuando se trata de administrar el tiempo en el lugar de trabajo y en el hogar, el hacer las cosas más rápido no siempre es lo mejor.

Muchas personas, en su constante búsqueda por ahorrar tiempo, han comprometido la calidad de sea lo que fuere que estaban haciendo. Michael Altshuler dijo en cierta ocasión: "La mala noticia es que el tiempo vuela. La buena noticia es que tú eres el piloto."

La mayoría de las personas estarían de acuerdo con que la calidad es más importante que la calidad (la mayoría, no todas). El objetivo de este libro es ayudarte a que aprendas a administrar tu tiempo de una manera eficiente, una que te permita obtener resultados de calidad, no solamente el rápido desarrollo de tus habilidades, productos u objetivos. Es posible, tú puedes aprender a administrar tu tiempo de manera que puedas completar las tareas y actividades más rápidamente sin comprometer la calidad.

Sin embargo, esto no significa que te convertirás en alguien más eficiente y productivo. El objetivo de este libro es enseñarte a que aprendas a gestionar tu tiempo para que seas más eficiente y productivo, no solamente rápido.

"El tiempo es inelástico e inflexible. El tiempo es indispensable. No puede haber ningún logro significante si no manejas adecuadamente tu tiempo." Brian Tracy.

La Administración del Tiempo Personal versus el Tiempo Organizacional

La administración del tiempo organizacional es similar y a la vez diferente de la administración del tiempo personal. La mayoría de autores se enfocan en la parte personal del asunto. Esto es porque la administración del tiempo entre todas las organizaciones a nivel mundial ha sido objeto de muchas reuniones de oficina, especialmente cuando las empresas comienzan a diversificar y a comprometer a sus empleados de diferentes partes del mundo.

Muchos historiadores y filósofos sienten que la era de la tecnología trajo consigo un auge en la administración del tiempo enfocada en la organización. Una vez que el auge de la administración del tiempo organizacional terminó, las personas comenzaron a darse cuenta de que también necesitaban más tiempo en sus vidas, algo que nosotros llamamos administración del tiempo "personal."

Esto no quiere decir que las organizaciones ya no se preocupan por la administración del tiempo. Sin embargo, las personas se están dando cuenta de que la administración del tiempo personal es tan importante como la administración del tiempo organizacional. Las organizaciones también se están dando cuenta de que se beneficiarán si contratan personal que ya sabe cómo administrar su tiempo de forma productiva.

Todo el mundo puede beneficiarse de los consejos, los trucos y las técnicas que ponen en práctica importantes autores e investigadores para maximizar su tiempo y trabajar con una mayor eficiencia.

Se pueden conseguir por lo menos mil libros diferentes acerca de la administración del tiempo, entonces ¿cómo haces para elegir? Ya hiciste tu elección cuando compraste este libro.

Este libro condensa el trabajo que cientos de teóricos han llevado a cabo en el transcurso de los años, así que tendrás la oportunidad de poner en práctica muchas de las técnicas probadas que ayudan a las personas de todas las clases sociales para que administren su tiempo de una manera más eficiente. Si llegas a completar al menos una de las actividades o tomas cualquiera de las lecciones de este libro, sin duda alguna mejorarás tus habilidades para administrar tu tiempo.

Estrategias de Administración del Tiempo disponibles

Jim Rohn, famoso emprendedor y motivador, dijo lo siguiente: "Encuentro fascinante que la mayoría de las personas planifican sus vacaciones con mucho más cuidado que sus propias vidas. Quizás eso se debe a que escapar es más fácil que cambiar.

El hombre dice: "Cuando llego a casa después de trabajar ya es muy tarde. Sólo tengo tiempo para un bocado, mirar la televisión un rato, relajarme e irme a la cama. Uno no puede quedarse hasta la medianoche planeando, planeando, planeando" ¡Esta es la misma persona que va atrasado en las cuotas de pago para su automóvil!"

La administración del tiempo es un concepto que puedes poner en práctica en tu casa, cuando estés en el trabajo o cuando estés realizando alguna actividad de tu interés. El hecho es que todos se pueden beneficiar de la administración del tiempo. Ya sea que seas una madre que se queda en la casa, un gerente, un empresario o una persona común y corriente, este libro te enseñará a administrar tu tiempo eficientemente, de manera que puedas obtener lo más posible de tu vida sin tener que pasar mucho "tiempo" en algún proyecto.

En la siguiente sección aprenderás algunas de las principales habilidades para administrar el tiempo.

Estas habilidades se pueden aplicar a casi cualquier circunstancia. La clave a recordar aquí es que una estrategia que puede funcionar para alguien no necesariamente va a funcionar para otra. Cuando se trata de administrar nuestro tiempo, todos somos diferentes.

Conforme vayas leyendo las recomendaciones y consejos que te doy a continuación, asegúrate de destacar las herramientas y técnicas que más se relacionen contigo. Encontrarás el proceso un poco complicado y tendrás que probar por tanteo y error. Sin embargo, con un par de veces que lo intentes te darás cuenta de cuál es la mejor manera de administrar tu tiempo de la manera más eficiente para que no te vayas a agotar.

Asignaciones

Por favor toma nota de que en muchos de los capítulos que siguen te encontrarás con asignaciones cortas. Estas asignaciones te ayudarán a aprender, lenta pero progresivamente, cómo estás administrando el tiempo actualmente, y te ayudarán a eliminar de tu vida todas aquellas actividades que te hacen perder el tiempo. Puedes realizar estas asignaciones conforme vayas leyendo este libro, o llevarlas a cabo una vez que hayas terminado de leerlo. También puedes retomarlas en cualquier momento que sientas que tu "tiempo" se desperdicia. Habiendo dicho eso, aquí está tu primera asignación:

Asignación 1 – Cómo establecer prioridades

Toma una hoja de papel en blanco y una pluma. Escribe los números del 1 al 10 en el papel. Tiene que verse algo así:

1. Desperdicio de Tiempo 1

2. _____

3. _____

4. _____

5. _____

6. _____

7. _____

8. _____

9. _____

10. _____

Intenta hacer una lista de al menos cinco cosas que haces diariamente que hacen que "desperdicies" tu valioso tiempo. Entre estas pueden estar el revisar tu correo constantemente o hablar por teléfono con demasiada frecuencia. Algunas de estas pueden ser actividades que tengas que realizar, como revisar tu correo o hacer algún pedido a un proveedor. Simplemente puede que las estés llevando a cabo de una manera ineficiente. Este libro no te enseñará a que simplemente te olvides de tus tareas y obligaciones, sino que te mostrará cómo realizarlas de una manera más eficiente, con el fin de que puedas preocuparte por tus prioridades principales. A partir de eso el resto de las cosas se acomodarán.

Intenta ser objetivo cuando estés escribiendo tu lista, para que de esta manera puedas maximizar tu capacidad de tener éxito usando los consejos, herramientas y técnicas que aprenderás más adelante. Algunas veces las personas tienen dificultad a la hora de agregar cosas a la lista, ya que piensan que durante el día no desperdician el tiempo.

En este caso puedes recurrir a algún amigo para que te diga cuál, de todas las actividades que realizas, no necesariamente las priorizas de manera eficiente. A lo mejor se te ocurren más de cinco cosas. Si eso pasa, asegúrate de anotarlas todas de manera que puedas encontrarles solución después de que hayas encontrado la manera de administrar mejor tu tiempo.

Recuerda que siempre tendrás tiempo para aprender a administrar tu tiempo más eficientemente. Ahora que entiendes un poco acerca de la administración del tiempo y tienes una de idea de las cosas que haces que te hacen perder el tiempo, es hora de empezar a aprender a ser más productivo y eficiente. Comencemos.

2

Identificando lo que provoca
que desperdicies tu tiempo

En la primera sección de este libro has descubierto lo importante que es el tiempo, y lo frecuente que es que las personas lo desperdicien. No te sientas mal si eres uno de aquellos que desperdician su tiempo. Alrededor del 90 por ciento o incluso más de la población dicen que han tenido problemas con la administración del tiempo al menos una vez o más en sus vidas.

¿Qué tan a menudo sientes que administras bien tu tiempo?

"Si no diseñas tu propio plan de vida, hay posibilidad de que caigas en el plan de algún otro. Y ¿adivina lo que esa persona tiene planeado para ti? La respuesta es: No mucho." Jim Rohn

¿Has notado cuántas personas parecen estar en el lugar correcto en el momento indicado? A veces pensamos que esas personas tienen suerte; otras veces pensamos que son genios; la mayoría de las veces son simplemente personas que saben cómo organizar su tiempo de manera que puedan disfrutar lo que la vida tiene para ofrecerles.

La buena noticia es que tú puedes ser uno de los pocos "afortunados" que aprenden a manejar el tiempo a su favor. La administración del tiempo no es un secreto de una minoría que solamente se comparte con unos pocos.

Por supuesto que puedes estarte rascando la cabeza mientras estás viendo en frente tuyo una montaña de papeles, pensando cómo vas a hacer para recuperar el tiempo. Algunas personas realmente desperdician el tiempo. Probablemente seas una de esas personas, o a lo mejor vives con una de ellas o te toca supervisar a alguien que desperdicia su tiempo, y te gustaría aprender algunos trucos o estrategias para que esa persona mejore. No hay nada de malo en ello.

Veremos algunos diferentes subtipos de personas que desperdician el tiempo. Cuando revises sus características tendrás una mejor idea de cómo este tipo de personas desperdicia su tiempo. Una vez que hayas entendido esto podrás comenzar a administrar el tiempo usando estrategias adecuadas con el fin de lograr las metas que te has propuesto.

¿Cómo son los diferentes tipos de personas que desperdician el tiempo? Este tipo de personas pueden incluir al indeciso y a quien hace muchas cosas al mismo tiempo. El primero se tarda en decidir, y el segundo es alguien que constantemente acepta más proyectos de los que puede administrar, quedándose sin tiempo para terminar alguno de ellos de manera eficiente.

En cuanto al indeciso, Yoritomo-Tashi, filósofo japonés del siglo XII, muy reconocido y admirado por su pueblo y uno de los mayores estadistas que jamás haya tenido Japón, quien escribió la obra maestra "Cómo Influir En Las Personas", también de esta editorial, escribió algo muy interesante: *"A la mayoría de las personas indecisas les encanta engañarse a sí mismas con ilusiones, creadas por su imaginación, por lo que frecuentemente se convierten en arquitectos de sus propias desgracias.*

Sus almas cobardes temen a los posibles arrepentimientos que puedan surgir a partir de alguna resolución suya, por la cual tendrían que cargar con las consecuencias, y son como ese hombre acerca de quien Hao-Va relata una aventura alegórica:

"Un hombre," dijo, "tenía que atravesar un bosque para llegar a la aldea en donde esperaba encontrarse con la Suerte. Emprendió su viaje temprano en la mañana, y se apresuró para llegar a las afueras del bosque lo más rápido posible."

"Pero cuando iba caminando hacía algunas horas, paró y miró a su alrededor con indecisión; el camino marcado delante de él era largo y monótono; si tomaba un atajo a través de los árboles tal vez tendría alguna posibilidad de acortarlo… y así fue como perdió su rumbo bajo los grandes árboles."

"Caminó durante una hora hasta llegar a un claro. Trató de orientarse, pero, sin saber qué hacer, tomó otro camino de manera aleatoria. Fue más despacio, ya que empezó a sentirse fatigado y desanimado, hasta que de repente percibió que el camino lo había llevado hacia un lugar bastante cercano del que se desvió en primer lugar."

"En ese momento fue marcha atrás, pero no había podido llevar la cuenta de las vueltas que había dado antes, así que tras un largo rato se encontró en el claro nuevamente."

"Ese momento fue uno de gran resolución, en el cual decidió rendirse con los caminos laterales, y partió hacia el primer camino, aquel que había seguido en un principio y que llevaba directamente hacia la aldea."

"Lo que sucedió poco después fue que el sol se ocultó detrás de los árboles; la noche cubrió al bosque con su velo, y el hombre *distraído se vio obligado a interrumpir su viaje, ahora inútil, ya que la Suerte no lo había esperado."*

"No se rían de este hombre," clamó el Shogun, "ya que la mayoría de ustedes son como él; vagan en los laberintos de la indecisión en lugar de seguir el camino marcado por la voluntad; pierden la tranquilidad ante el primer inconveniente; evitan el ser sinceros consigo mismos al perderse imprudentemente en caminos desconocidos, y para cuando tras mucho tempo determinan su curso definitivo, las oportunidades ya se han agotado para ustedes."

"Ustedes, que aspiran a convertirte en aquellos que irradian a las almas de los demás con su influencia, deben despreciar a los indecisos."

"Sean consejeros que toman decisiones rápidas y bien evaluadas; no se alejen hacia "atajos" que no saben hacia dónde llevan, y aprendan a ser guías seguros e iluminados para ustedes mismos antes de marcarles el camino a aquellos discípulos devotos que han sido atraídos por su influencia."

En este capítulo identificarás las causas específicas o las razones por las que careces del suficiente tiempo para llevar a cabo lo que tienes que hacer en un día cualquiera (semana, mes, etc.). Usando el ejercicio que vimos anteriormente, en este momento deberías tener una lista de al menos cinco actividades que realizas en las cuales estás perdiendo el tiempo actualmente.

Ahora piensa en qué tan frecuentemente te dedicas a

estas actividades, y cuánto tiempo te toma llevarlas a cabo. Como ejemplo podemos decir que hablas mucho por teléfono. La próxima vez que hables por teléfono toma nota del tiempo, qué deberías estar haciendo y cuánto tiempo te quedas hablando por teléfono.

Felicitaciones, has dado el primer paso hacia el aprendizaje de cómo administrar tu tiempo de una manera más eficiente. Al tomar notas has comenzado tu primer diario "no oficial" del tiempo. ¿Qué es un diario de la administración del tiempo? Veámoslo con más detalle a continuación.

Diario de la administración del tiempo

Una de las maneras más sencillas de maximizar tu tiempo es dándole el seguimiento adecuado. Puedes comenzar a hacerlo llevando un diario que registre la administración de tus actividades diarias. En un principio te parecerá que te "quita" más tiempo del que te ahorra, sin embargo, un diario de la administración del tiempo te ahorrará tiempo constantemente, evitando que lo desperdicies en el futuro.

Este tipo de actividad te ayuda a enfocarte para que puedas llegar a los objetivos que te has propuesto. Lawrence Peter "Yogi" Berra es un jubilado de la Liga Americana de béisbol, gerente y entrenador. En una ocasión dijo lo siguiente: "Si usted no sabe a dónde va, lo más seguro es que termine en cualquier otro lugar."

No tienes que comprar un diario lujoso, un sencillo cuaderno de tan solo 99 centavos alcanza y sobra. Mantenlo en algún lugar donde puedas recurrir a él rápidamente. Puedes tener uno en tu casa y otro en tu trabajo.

Si lo deseas puedes comprar una carpeta y ponerle hojas sueltas, de esta manera contarás con suficiente espacio para agregarle cosas a tu diario más adelante. Algunas personas aprovechan sus computadoras y crean un archivo de texto, el cual usarán como su diario para tener un control bien ajustado del tiempo.

Otra manera de llevar un diario contigo a todas partes es crear un archivo de texto "en la nube." Servicios como Dropbox, Google Drive y OneDrive, de Microsoft, te permiten crear y editar un archivo de texto en todos tus dispositivos, sean éstos móviles, tabletas o computadoras de escritorio.

Una vez que tengas la herramienta que se va a convertir en tu diario, es tu obligación comenzar a llevar un control de tu tiempo. Cada día comienza con una página nueva. En algún momento del día, por ejemplo a la hora del almuerzo o después de cenar, puedes hacer una lista de las actividades que realizaste durante el día. La clave para tener un diario eficiente es procurar no olvidarse de escribir ninguna de las actividades que llevaste a cabo durante el transcurso del día. Por supuesto, puedes eliminar de la lista las cosas innecesarias (como ir al baño) a menos que estés en el trabajo y vayas al baño para acicalarte o repasar tu maquillaje (esto por lo general no es en realidad necesario cuando estás presionado con el tiempo).

Puedes pasar un momento al baño para acomodarte la corbata antes de ir a una reunión, pero asegúrate de hacerlo rápido. Mejor aún, ahorra tiempo al pedirle a un colega que te diga cómo luces en ese momento. Aunque al principio te pueda parecer un poco problemático, cuando te des cuenta de cuánto tiempo comienzas a ahorrar al identificar las actividades que realizas en las cuales desperdicias el tiempo, sabrás que vale la pena.

Otro propósito de llevar un diario de la administración del tiempo es ayudarte a identificar tus patrones de conducta. Por ejemplo, puedes descubrir que administras tu tiempo la mayor parte de la semana pero lo haces pocas veces los viernes. Puedes llegar a descubrir que te distraes con algo que ves en la televisión, o con los productos de panificación que llevan a la oficina todos los viernes. A lo mejor te quedas perdiendo el tiempo cerca del dispensador de agua, o te pasas mucho tiempo "conversando" en internet con tus amigos.

A medida que vas llevando el control de tu tiempo,

puedes comenzar a identificar las actividades en las cuales veas que pasas mucho "tiempo" realizándolas.

Diviértete llevando un diario

Muchas personas llevan su diario en línea. Estos no son solamente diarios para administrar el tiempo; sino que también son diarios de la vida cotidiana. ¿Cómo lo puedes hacer? Si eres del tipo de personas que son de mente abierta y quieres recibir retroalimentación de los demás, o se lo quieres mostrar a otras personas y que ellos te indiquen las áreas donde debes ahorrar tiempo, puedes considerar el crear un "blog" en línea, donde fácilmente puedas ingresar en cualquier momento del día, hacer una anotación y después salirte.

De esta manera, diferentes personas pueden ver tus anotaciones, comentar acerca de ellas y darte sus variados puntos de vista acerca de cómo administrar tu tiempo. Puedes crear un blog gratis en una docena de páginas de internet, una de las más fáciles y populares es www.blogspot.com, y todo lo que tienes que hacer es crear una cuenta gratuita. Puedes ponerle el nombre que quieras a tu cuenta. También le puedes agregar un diario o un blog en línea a tu página de internet. Puedes pedirle retroalimentación o aportes a las personas que lo visitan diariamente. Pídeles que den su opinión acerca del diario y que compartan sus propias ideas acerca de cómo gestionar mejor el tiempo.

Ten en cuenta que el mantener un blog se puede

convertir en un hábito; así que no vayas a pasar demasiado tiempo cada día creando y editando entradas en el blog o revisando los comentarios que han puesto los demás. Deberías pasar, como máximo, 10 minutos cada día ya sea ingresando información o bien leyendo los comentarios de los demás.

Recuerda que lo que escribas en línea se mantiene en línea a menos que tú lo quites, así que procura no dar demasiada información privada a no ser que en realidad quieras que los demás conozcan acerca de tu vida personal.

Otro sitio en línea donde puedes crear un espacio para llevar control de tu tiempo y conocer a otras personas que "tienen problemas con el tiempo" es LinkedIn.com. Este es un sitio de internet para hacer relaciones sociales, muy conocido en el ámbito de los empresarios y emprendedores. La mayoría de las personas usan este sitio para conocer otras personas y publicar información acerca de sus vidas, sus gustos, lo que les disgusta y otras curiosidades interesantes acerca de sus vidas, además de sus trabajos.

Pero ten mucho cuidado, ya que esto también puede volverse adictivo. Sin embargo, si esta actividad la haces moderadamente, te darás cuenta que una vez que has aprendido a organizar tu tiempo, dispondrás de más tiempo para disfrutar de las redes sociales como esta, no para administrar tu tiempo, sino porque TIENES tiempo para disfrutarlas.

Llevar un control minucioso de tu tiempo es algo obligatorio cuando inicias tu diario enfocado en la administración del tiempo. Si de verdad lo quieres lograr, entonces tienes que identificar cuánto tiempo desperdicias y cuánto tiempo puedes ganar durante el transcurso de cualquier día de la semana.

No hay dos personas iguales, así que tus comentarios muy probablemente vayan a diferir con los de las personas que te rodean. Esto está bien. No te olvides que todas las personas se pueden beneficiar de las diferentes estrategias para administrar el tiempo. Si descubres que la información en este libro es de utilidad, es muy probable que otros también lo hagan. Anímalos a que inicien su propio diario para que puedan lograr la eficiencia y recomiéndales este libro como un buen punto de partida.

¿Por qué harías algo así? En primer lugar te comenzarías a rodear de personas que están interesadas en administrar su tiempo de una manera más eficiente. Entre más productivas sean las personas que te rodean, es más probable que vayas a adoptar algunos de sus buenos hábitos para administrar el tiempo.

Lo mismo sucede con las personas que quieren ser exitosas. Si realmente quieres tener éxito en la vida, no vas a querer rodearte de personas que no hacen las cosas bien. Más bien al contrario. Quieres relacionarte con personas que son exitosas. Puedes aprender de ellos sobre cómo lograr el éxito en tu vida con solo pasar tiempo con ellos. Lo mismo sucede con la administración del tiempo. Cuando comienzas a motivar a otras personas para que lleven control de su tiempo y constantemente te relacionas con personas que también se preocupan por lo mismo, es muy probable que descubras que de una manera consistente estás administrando más y mejor el poco tiempo con el que dispones.

Pat Gelsinger es un ex directivo de Intel. Tuvo el honor de ser ascendido a vicepresidente a la edad de treinta y dos años, el más joven en la historia de la compañía. Se hizo cargo de la gigantesca tarea de ser el gerente general de los productos de escritorio, la unidad de negocios más grande de la empresa, la cual representaba decenas de miles de millones en ingresos. A la edad de treinta y cinco años se convirtió en un directivo de esa empresa y se unió al personal ejecutivo, el máximo órgano de dirección de Intel. En el otoño del 2001 fue ascendido al cargo de primer director de tecnología (CTO) de Intel Corporation a la edad de cuarenta años.

Ha estado a cargo del grupo empresarial más grande de Intel, donde ha proporcionado liderazgo técnico y de negocios.

Pat ha escrito un libro altamente recomendado, titulado "The Juggling Act: Bringing Balance to Your Faith, Family, and Work" (Haciendo malabares: Cómo lograr equilibrio en tu fe, tu familia y tu trabajo, David C. Cook, 2008), del cual me gustaría destacar algunas cosas importantes que él menciona:

Mientras que la mayoría de nosotros derrochará una energía considerable en la planificación de otras áreas, muy pocos consideramos y planeamos para nuestros activos más importantes y para el más limitado de los recursos con los que contamos: nuestros dones y nuestro tiempo. ¿Tienes un destino en mente para tu vida? ¿Tiene una estrategia para saber cómo llegar? ¿Cómo lograrás saber cuando ya hayas llegado a un punto crítico o cuando te hayas desviado del curso? ¿Qué es lo que quieres lograr con el resto de tu vida?

No vivas al azar de un día para otro, sino con un propósito para el resto de tu vida. Una vida enfocada tiene un gran poder.

Recomiendo que hagas un estudio detallado de todas tus actividades para ver en qué derrochas tu tiempo. Ponte a la tarea de hacer una estimación de la cantidad de horas que te toman las principales actividades de tu vida cada semana: el trabajo, la escuela, el descanso, el entretenimiento, las aficiones, tu cónyuge, tus hijos, la iglesia, Dios, los amigos, y así sucesivamente.

Después de haber reunido todos los datos, categorízalos con cuidado en unos cuantos grupos principales, por ejemplo: trabajo/escuela, descanso, iglesia/Dios, familia y recreación.

Luego crea subcategorías para cualquier cosa que pueda consumir varias horas a la semana, como por ejemplo las horas que pasas en tu carro yendo y viniendo del trabajo, o las horas que pasas frente a la televisión. Por último, con el resumen en mano, toma las decisiones pertinentes sobre cómo está utilizando su tiempo. Pregúntate a ti mismo:

Hay algunas sorpresas? ¿Ves algunas áreas en las que no te imaginabas que estabas perdiendo tanto tiempo?

¿Es así como quiero pasar mi tiempo ahora?

¿Estoy poniendo todo el tiempo que me gustaría en las áreas que quiero que sean prioridad en mi vida?

¿Cuánto tiempo estoy realmente pasando con mi cónyuge? ¿Y con mis hijos? ¿Y con mis amigos?

¿Me doy cuenta de la cantidad de tiempo que paso en el trabajo?

Si quiero pasar más tiempo en XYZ o ABC, en qué áreas tendría que elegir pasar menos tiempo?

Al terminar tu declaración de misión personal, es probable que termines con más metas de las que realmente tienes tiempo para completar. ¿De dónde vendrán esas horas extra que necesitas? Un estudio detallado de tu tiempo puede darte la respuesta. Algunas otras preguntas a considerar cuando estás haciendo esta tarea: ¿Realmente necesitas dormir tanto tiempo o estás siendo un poco perezoso? Podrías levantarte un poco más temprano los fines de semana para hacer ejercicio físico o pasar tiempo con tus hijos? Jugar al golf los fines de semana, ¿realmente es tan necesario?

Algunas de esas horas que pasas frente a la televisión, ¿Podrías pasarlas conversando con tu pareja?

Asignación 2 – Cómo identificar Actividades Innecesarias

"El problema es falta de dirección y enfoque, y no la falta de tiempo. Todos tenemos 24 horas en el día." Zig Ziglar

Planea pasar por lo menos un par de semanas escribiendo tus actividades para administrar tu tiempo. Una vez que hayas logrado llenar varias hojas, toma un poco de tiempo para anotar cuáles actividades son necesarias, cuáles son deseadas pero no necesarias y cuáles son de relleno o un "desperdicio de tu preciado tiempo."

También puedes anotar actividades que tienes que llevar a cabo pero que piensas que podrías realizarlas de una manera más eficiente. Aquí te dejo algunos ejemplos:

- Sacar a pasear al perro (tiempo total – 45 minutos)
- Conversar por teléfono con tu pareja – (1 hora)
- Jugar o "navegar" en internet en vez de trabajar – (tiempo total transcurrido 2 horas)… este tiempo se recupera cuando pones un reloj automático

- Tiempo que pasas holgazaneando al frente del televisor – (4 horas)
- Leer y responder correos electrónicos – (2 horas diarias)
- Buscar en el refrigerador un refrigerio "adecuado" – (15 minutos)… también se le conoce como "hurgar" por comida
- Salir todos los días a almorzar – (8.5 horas semanales)
- Tiempo que derrochas cada día en alistarte o en vestirte – (1 a 3 horas)

Esta lista puede cambiar bastante dependiendo de tus hábitos personales. Recuerda que no todas las personas tendrán los mismos detonantes. Independientemente de eso, esta lista te ayudará a que te hagas una idea de cómo identificar las cosas que te hacen perder el tiempo. Una vez que los hayas identificado, puedes aprender a reducirlos para ahorrar el tiempo que tienes a tu disposición en vez de malgastarlo.

Consejo

Cuando comiences a hacer este ejercicio se te hará un poco difícil identificar o distinguir entre las cosas que debes llevar a cabo y las que hacen que desperdicies el tiempo.

Si no estás seguro de cuál es cuál, pídele a tus amigos o a algún compañero que se siente contigo para que te ayude a revisar tu lista. Esto es especialmente cierto si estás buscando nuevas maneras de tener "tiempo libre" mientras estás en tu casa.

Una vez que hayas terminado tu lista, destaca las tres cosas que consideras que son las más importantes. Estas son cosas que te consumen la mayor cantidad de tiempo. Estas pueden ser tanto cosas necesarias como innecesarias. Tu trabajo por el resto de este libro es enfocarte en eliminar estas tres cosas principales que te hacen perder el tiempo. Una vez que lo hayas hecho, puedes seguir con el resto de tu lista y eliminar las dos, cinco, diez o tres docenas de cosas restantes de tu lista que te hacen perder el tiempo. Deberías siempre trabajar primero en eliminar aquello que te hace perder más tiempo.

Este proceso es muy parecido a definir prioridades en las tareas. Determina cuáles son las actividades que te hacen perder el tiempo y las que tienen el mayor impacto, y trabaja para disminuirlas. Como decía Colin Powell: "Siempre enfócate en el parabrisas delantero y no el espejo retrovisor." Priorizar las tareas es una manera de administrar tu tiempo, de lo cual hablaremos un poco más adelante.

En el siguiente capítulo aprenderemos a ahorrar tiempo en vez de desperdiciarlo cuando estamos lidiando con los pros y los contras de la vida cotidiana. Sin embargo, antes de hacer esto, deberías conocer cómo es el tipo de persona que desperdicia su valioso tiempo.

Existen muchas maneras en que las personas malgastan el tiempo. La mayoría de ellas se dan cuenta de que se ocupan de las mismas acciones en forma repetida.

Puedes clasificar estas acciones como hábitos que desperdician el tiempo. Ahora que ya sabes cuáles son tus hábitos, puedes intentar identificar el "tipo" de persona que desperdicia el tiempo. El saber esto te ayudará a adoptar mejores estrategias que te ayuden a la hora de gestionar mejor tu tiempo.

Tipos de personas que desperdician el tiempo

Determina a qué tipo de persona que desperdicia el tiempo te pareces más. Es probable que te des cuenta de que tienes rasgos de varias categorías.

1. El que posterga las cosas – Esperas hasta el último momento para realizar las tareas más importantes; frecuentemente olvidas las tareas; entregas tarde las asignaciones; puede que llegues tarde a las actividades; frecuentemente te excusas por llegar tarde; rara vez planificas con anticipación eventos o actividades próximas.

2. El que supera las metas – Orientado a realizar múltiples tareas; por lo general aceptas demasiadas actividades y descubres que no puedes terminar

ninguna con grandes habilidades o capacidades; frecuentemente tienes que cancelar tareas, o bien estás atrasado o tienes que quedarte levantado hasta tarde para poder terminar las tareas (o cualquier otra función que se te haya asignado).

3. El que siempre dice que sí – Aceptas demasiadas actividades y se te hace difícil decir que no; frecuentemente te sientes estresado y frustrado; por lo general tienes tiempo para atender las necesidades de las demás personas pero no para las tuyas propias.

4. El indeciso – Te cuesta decidirte entre diferentes opciones; frecuentemente comienzas proyectos pero luego los abandonas por otros; no tienes rumbo y no sabes cuál es el siguiente paso importante; a menudo confías en que otras personas tomen decisiones por ti; desperdicias el tiempo justamente por no tomarte el tiempo para tomar una posición definida en asuntos que son importantes para ti.

Existen muchos subtipos en cada uno de estos tipos principales. Todos estos tipos de personas que desperdician el tiempo tienen rasgos comunes. A continuación te presento algunos:

- No definen prioridades
- No se ponen metas
- Tienen dificultad para decidir cuál es la mejor acción a tomar

- Viven con mucho estrés, el cual está asociado con la escasez de tiempo
- Tienden a esperar o aplazar antes de completar las tareas
- Carecen de la habilidad de pedir ayuda o de delegar

No te sientas mal por compartir alguno de estos rasgos comunes. Las buenas noticias son que con un poco de entrenamiento podrás superar tus malos hábitos y adoptar buenos. Estos son los hábitos que te ayudarán a administrar tu tiempo de una manera más eficiente. Si sientes que no entras con exactitud en ninguna de las categorías anteriores, no te preocupes. Este libro no está ordenado con respecto a cada tipo específico de persona que desperdicia el tiempo.

Fácilmente puedes usar la mayoría de los consejos y técnicas aquí descritas para aprender a administrar tu tiempo de una manera más eficiente. Sin embargo, deberías poder identificar uno o dos de tus hábitos usando la lista de arriba. También puedes crear tu propio subtipo, uno que describa el tipo de persona que eres cuando se trata de malgastar el tiempo.

Por ejemplo, digamos que te quieres catalogar como una persona que logra menos de lo que se propone. Te falta motivación para levantarte y para hacer cualquier cosa. Desperdicias el tiempo al hacer lo menos posible lo más frecuentemente que puedas. No hay nada de malo con ello. No te regañes a ti mismo por eso. Te ayudaré a salir adelante. Simplemente asegúrate de ser honesto acerca de tus hábitos para que tengas la mayor oportunidad de lograr un cambio positivo en tu vida.

Seguimos hablando de cómo planeamos ahorrar tiempo, pero en realidad aún no te he dado herramientas concretas para hacerlo. Sin embargo, lo que sí hemos hecho es ayudarte a entender qué es lo que contribuye a tus problemas de administración del tiempo y te he ayudado a identificar los hábitos personales que te hacen perder el tiempo.

Todos estos conceptos son muy importantes si de verdad quieres conseguir más tiempo. Ahora hagamos una pausa en las definiciones y ejercicios, y veamos a continuación cómo aplicar el "Lean Manufacturing" a la vida moderna.

3

El Pensamiento "Lean"
aplicado a la vida diaria

El "Lean Manufacturing" es un método que se enfoca en el tiempo, la calidad, los costos, la reducción de los desperdicios y la simplificación de las operaciones, lo que puede ayudar a las empresas a reducir inventarios, optimizar los trabajos en proceso, liberar espacios de piso necesarios y reducir tiempos de ciclo y producción.

El "Lean Manufacturing" (incluso combinado con otros esfuerzos para la mejora de un negocio como el método Six Sigma), puede acarrear mejoras mensurables y significativas en la calidad. La mayoría de las herramientas se enfocan en conceptos realmente simples y que son fáciles de usar e implementar. Se enfoca en lo visible, en lo que puedes ver, apunta al cambio y al control. Interconecta pasos, procesos y personas. Localiza el desperdicio, como así también los problemas, y permite solucionar los errores rápida y efectivamente mientras se ahorra dinero en el proceso.

Miguel Fernández Gómez, licenciado en Administración de Empresas y con una amplia experiencia en consultoría de Recursos Humanos para diversas empresas multinacionales, en su libro "Lean Manufacturing En Español: Cómo eliminar desperdicios e incrementar ganancias", menciona lo siguiente:

El Lean Manufacturing se usa para simplificar los procesos de negocios, pero también puede simplificar la vida diaria. Mira lo que compartió Bill Peterson en una conferencia TED en Noviembre del año 2011. El señor Peterson tiene más de 30 años de experiencia en el mantenimiento de aeronaves, reparación y revisión (MRO) de negocios. A lo largo de estas asignaciones, él ha utilizado herramientas de mejora continua tales como Lean Manufacturing y Six Sigma para liderar el cambio en los procesos y la cultura organizacional.

"Yo trabajo con una gran cantidad de diversas organizaciones siempre tratando de ayudarles a mejorar con el fin de alcanzar su potencial. Para esto utilizo metodologías de mejora de procesos. Sucede que cuando voy a estas organizaciones veo una gran cantidad de profesionales trabajando muy, muy duro pero a la vez

demasiado frustrados con la rutina. Así que les pregunto lo siguiente: En tu semana de 40 horas laborales, ¿cuánto tiempo tienes para ser proactivo y para aplicar lo que has aprendido en tu lugar de trabajo? Por desgracia la respuesta se puede medir en un solo dígito y en ocasiones es cero.

Lo que va a hacer el Lean Manufacturing es proporcionar una manera de encontrar esas horas de actividad desperdiciada que están por ahí escondidas como productividad para que puedas utilizar ese tiempo para pensar y alcanzar tu máxima productividad posible. No voy a decirte que este sistema es glamoroso y que está lleno de encanto, sino que es un proceso muy meticuloso para ayudarte a encontrar las actividades que te hacen perder productividad. Esta metodología, utilizada principalmente en la industria manufacturera, ha encontrado 30 por ciento de reducciones en el tiempo que se necesita para satisfacer a los clientes.

Mi pasión ha sido la de aplicar esto a los demás procesos de negocio y también estamos viendo resultados muy prometedores en la aplicación de este sistema a la atención de la salud. Pero algo que me ha llamado mucho la atención es que también estoy viendo estudiantes tomar esta metodología y llevarla a sus hogares para ponerla en práctica en procesos individuales en la oficina y en lo que hacen cotidianamente en sus casas.

Ahora bien, lo que básicamente es el pensamiento "Lean" es muy sencillo: es ver cómo se desarrolla un proceso para satisfacer al cliente. El siguiente paso consiste en eliminar todas aquellas tareas que no agregan ningún valor al cliente y luego, el tercer paso, es mirar con mucho cuidado para encontrar desechos, es decir, actividades que se disfrazan como productividad. En la búsqueda de tu potencial humano, el cliente que está en primer lugar eres tú, y lo primero que debes hacer es tratar de eliminar aquellas cosas que son incongruentes o que no agregan valor para ti. El siguiente paso es hacer lo que voy a describir a continuación: Eliminar los siete desperdicios que se disfrazan como productividad y ver cómo podemos reducirlos utilizando contramedidas de ajuste.

El primer residuo son los inventarios. Ahora, no voy a decirte que pases tiempo limpiando tu garaje o desempolvando el armario, aunque sabes que deberías hacerlo. Estoy hablando de las cosas que has iniciado y nunca terminaste, proyectos que empezaste sin haber completado. Lo que pasa es que siempre estamos mantenemos con más y más proyectos que no completamos porque tenemos dentro un elevado índice de utilización que nos hace que creamos que si nos mantenemos ocupados cada minuto del día seremos más efectivos. Pero esta alta tasa de utilización realmente no es eficaz y tampoco es el objetivo del potencial humano. Lo que sucede es que comenzamos estos proyectos en los que nos mantenemos ocupados mientras que tenemos que esperar por más información o esperamos a que alguien nos de algún dato y luego empezamos otra cosa, empezamos algo más, y luego otro proyecto, y después empezamos otra cosa. Pero llega un punto de inflexión que se da cuando administramos esos nuevos proyectos en lugar de hacer algún progreso en cualquiera de ellos.

De manera que lo que tenemos que hacer es dar un paso atrás y pensar que el pensamiento "Lean" nos diría, en un entorno de fabricación que se aplicaría al potencial humano, que necesitas encontrar un cubo de proyectos en los que puedas trabajar y descubrir cuál es el número óptimo de proyectos en los que puedes trabajar al mismo tiempo. Pueden ser unos cuantos más para diferentes personas, o tal vez menos, pero encuentra cuál es la cantidad correcta para ti y decide no exceder ese límite.

Entonces, cuando terminas algo que había en ese cubo, lo puedes sacar fuera y recién después trae el próximo proyecto que tienes. Lo creas o no, tus proyectos se completarán mucho más rápido si trabajas en ellos de a poco cada vez. Esto es implementar la ley de Little.

El segundo desperdicio con el que debes tener cuidado es la transportación. En la transportación de una planta de fabricación no trasladas solamente el producto, sino también la información. El problema aquí es la metodología que utilizamos para mover esa información ya que utilizamos el correo electrónico. Y lo que sucede con los correos electrónicos es que nos convertimos en adeptos a ellos, pues tratamos de ser eficientes, pero no lo hacemos de manera efectiva. Queremos ser muy rápidos con los correos electrónicos y sucede que enviamos correos tan cortos que las personas a las que se los enviamos piensan que tenemos pensamientos tan cortos como los emails que enviamos. Cuando no enviamos pensamientos completos, eso hace que recibamos como respuesta otro correo electrónico, lo que a su vez produce un juego de ida y vuelta, similar al juego de tenis de mesa pero solo de emails enviados y recibidos.

Una profesora del MIT, Sherry Turkle, ha escrito un libro llamado "Solos y acompañados: ¿por qué esperamos más de la tecnología y menos el uno del otro?" (Alone together: why we expect more from technology and less from each other? New York: Basic Books, 2011), en el que habla acerca de cómo leemos nuestros e-mails, o cualquier tipo de comunicación, al punto en que no hacemos preguntas que nos quitarían tiempo, porque todo lo que queremos realmente son respuestas rápidas, como si la velocidad fuera más importante que el contenido. Ahora bien, existen otras personas que envían e-mails realmente largos que nos dejan preguntándonos: ¿qué es lo que quieren, dónde está lo que necesitan, cómo puedo ayudar a esta persona? O también sucede que pensamos: ahora no tengo tiempo de leerlo, lo haré más tarde. Y luego algunas personas responden a toda la lista que recibió ese correo electrónico para pedir algo que sólo involucra a uno de todos ellos.

Todas estas cosas causan problemas con la forma en que nos comunicamos con el fin de que las tareas avancen. Una buena herramienta del pensamiento "Lean" en cuanto a esto se encuentra en el libro llamado "la revolución del hámster" (The Hamster Revolution: How to Manage Your Email Before It Manages You, Bk Business, 2008) en el cual se menciona la diligencia para aplicarla a tus mensajes de correo electrónico y el protocolo para no sólo mejorar la calidad de los e-mails sino también reducir la cantidad de correos electrónicos hasta en un 20 por ciento.

El siguiente desperdicio es el movimiento. Ahora bien, seguramente no estás moviéndote demasiado en tu oficina o dondequiera que trabajas, a menos que seas un jugador de fútbol o algún otro deporte, pero siempre ten en cuenta que lo que haces es un movimiento mental. Lo que haces constantemente es buscar información en tu mente y muchas veces te encuentras delante de una computadora cuando haces esto. Encuentro que en el trabajo las personas pasan un promedio de treinta veces al día en frente del ordenador en tareas que pueden tardar un minuto o dos.

Eso se traduce en una hora por día, o también en un año de tu vida. Y no sólo perdemos esa hora por día, sino que hay otro movimiento que perdemos. Por ejemplo, de pronto te encuentras buscando un archivo y te preguntas a ti mismo: "¿Dónde está ese archivo? Espera un minuto, hace mucho tiempo que no he visto ese archivo, oh ¡wow! Aquí está". Entonces llamas a Joe y le dices: "Joe, acabo de encontrar la información que necesitabas la semana pasada... oh... ¿ya no lo necesitas? Pero esto era lo que tú querías... ah.. ¿Ya usaste otra cosa? Bueno, pero la próxima vez que lo necesites recuerda que lo tengo... ok... adiós". Entonces en ese punto vuelves a la actividad que estabas realizando antes de la búsqueda de ese archivo. Observa el hecho de que perdiste esos dos minutos al irte por un camino diferente y luego vuelves al "modo predeterminado": nuevamente vuelves a enviar y revisar tus correos electrónicos, y es así como poco a poco te pierdes con tantos movimientos.

El pensamiento "Lean" tiene una metodología que puede ayudarte a encontrar las cosas que necesitas cuando las necesitas. El primer paso es clasificar. Así que lo que tienes que hacer es ir a todas las carpetas de archivos y seleccionar las que no necesitas, porque lo que tiene que ocurrir es que debes primero encontrar lo que no es necesario para que luego puedas obtener lo que realmente necesitas. Para esto debes crear una carpeta en tu equipo y separarla de las demás. Échale un vistazo a todos esos nombres que son muy parecidos y traslada todos esos a la carpeta que acabas de crear. Luego mira las fechas de los archivos, de seguro encontrarás archivos tan viejos que ya no los necesitas. O tal vez sí, y lo acabas de encontrar. Pero si no lo necesitas, muévelo a la nueva carpeta de cosas innecesarias. Luego empieza a clasificar por tamaño.

También haz lo mismo con ese video chistoso que pesa diez megabytes y que te enviaron hace tres años, probablemente ya no lo necesita más. De esta manera ya no es necesario buscar lo que necesitas dentro de archivos que no son necesarios. En algún momento los puedes grabar en un CD, transferirlos a un disco duro externo o simplemente borrarlos.

Otra cosa que necesitas hacer, y este es el segundo paso, es poner todo en orden. He tratado de muchas maneras diferentes averiguar sobre cómo sería la mejor manera de organizar un ordenador y encontré que el libro "The Hamster Revolution" habla sobre un sistema llamado COTA. Todos tenemos clientes (clients), internos o externos. Todos tenemos un producto (outputs), producimos algo de valor para los demás. Todos tenemos un equipo (team) con el cual trabajamos, y todos tenemos tareas administrativas (administration). Si utilizamos estas cuatro categorías y luego las rellenamos con ellas serás capaz de encontrar las carpetas mucho más rápido.

Pasemos ahora al siguiente desperdicio, y ése es esperar. Todos desperdiciamos tiempo esperando. Estamos a la espera de aprobaciones, en espera de decisiones, en espera de información y así sucesivamente. La metodología "Lean" te enseña cómo llegar a través de estos períodos sin esperar demasiado, o de reducirlos o incluso eliminarlos por completo cuando se trabaja en equipos. Uno de los grandes problemas cuando estamos esperando es que mientras lo estamos haciendo comenzamos otro proyecto y lo ponemos así al inicio de nuestra lista. Así que lo que hay que entrenarse para hacer es lo siguiente: mientras estás esperando aprende a pensar. O tal vez otra cosa que puedes hacer es reorganizar el equipo durante los tiempos de espera. Pero no saltes inmediatamente a poner en marcha el próximo proyecto.

El próximo desperdicio son los defectos. Éstos causan un montón de problemas y a menudo son muy incómodos. Cuando colaboramos en alcanzar nuestro potencial humano transmitimos defectos a otras personas y luego hay una gran cantidad de retrabajo, y ese trabajo es el que lleva mucho tiempo. El problema no es que no somos lo suficientemente inteligentes o que nos falta entrenamiento, el problema es que vivimos con tanta complejidad en la multiplicidad de lo que estamos haciendo que nos olvidamos de las cosas.

Los errores que cometemos no son realmente malos juicios, sino en su mayor parte un problema de olvido. Así que un buen sistema de ajuste te proporcionaría una ayuda de referencia con una lista de verificación, con el fin de ayudarte a recordar incluso estas cosas para evitar todo el retrabajo. Atul Gawande escribió un libro llamado "The Checklist Manifesto: How to Get Things Right", en el que habla de cómo puedes escribir tus propias listas de comprobación de tal manera que no sean tan largas como para que nunca las completes sino que tengan la idea principal con las cosas que son importantes para que no cometas errores. Esta metodología se ha utilizado en la cirugía, por lo que los médicos tomaron los diecinueve puntos de la lista de verificación y después de usar esos diecinueve puntos enumerados se redujo la fatalidad de las cirugías en un 40 por ciento. Así que las listas de verificación realmente nos ayudarán a reducir los desperfectos y el retrabajo que ello genera.

El siguiente desperdicio es el sobre-procesamiento, y esto tiene que ver con manipular más elementos de los que realmente requiere el cliente. Lo que yo interpreto que esto hace en cuanto a limitar el potencial humano es la multitarea, es decir, el intentar trabajanr en diferentes cosas a la vez. En realidad es imposible para el cerebro centrarse conscientemente en dos cosas a la vez, aun incluso las computadoras no pueden hacerlo, simplemente lo hacen tan rápido que no lo reconocemos, pero la cosa aquí es que uno no puede concentrarse en dos cosas al mismo tiempo.

David Crenshaw, quien escribió el libro "el mito de la multitarea", dice que lo que estamos haciendo en realidad no son muchas cosas al mismo tiempo, sino cambiando de una actividad a otra, yendo de un pensamiento a otro, y ese proceso de pensamientos es el que malgasta nuestro tiempo, frenando nuestra productividad y causando errores a lo largo del día. En su libro, David Crenshaw cita un estudio que realizó la Administración Federal de Aviación en la Universidad de Michigan, que dice que la gente que hace actividades conjuntas como por ejemplo revisar su correo electrónico y estar trabajando en un contrato al *mismo tiempo, perderá entre veinte al cuarenta por ciento de su eficiencia. El no hacer estas cosas nos permitirá tener más tiempo para desarrollar nuestro potencial humano.*

Si tomas estos ejemplos y los aplicas a tu propia vida, te puedo garantizar que aumentará tu productividad. ¿Cuántos de nosotros estamos trayendo más trabajo a casa?, ¿cuántos de nosotros estamos en casa tratando de enviar un correo electrónico importante para el jefe mientras los niños nos piden algo llamándonos y gritando "oye papá"? Les decimos por enésima vez que vamos a estar con ellos en un segundo y luego, en medio de toda la exasperación, de repente presionas la tecla Enter y envías ese correo a tu jefe, al mismo tiempo que gritas a tus niños desaforadamente diciendo: "¿qué es lo que quieren?" Hacer esto simplemente es un error y limita todo nuestro potencial como personas.

El desperdicio final es la sobreproducción. Esto significa que producimos demasiado tan solo por si acaso. Otra de las cosas que hacemos es producir demasiado pronto y cuando hablamos de esto y lo relacionamos con mejorar nuestro potencial como seres humanos, encuentro que trabajamos con las ideas, y a veces, cuando producimos conocimiento demasiado rápido, ese conocimiento se vuelve obsoleto cuando se necesita. Y eso produce un tremendo costo para el mundo del conocimiento, pues nadie desea ideas antiguas en la actualidad.

Ahora bien, te he dado una visión general de Lean Manufacturing en un período de tiempo muy corto, y como te dije anteriormente: no hay nada glamoroso en ello, pero todo es gratis.

Todo lo que yo te dije no tomó ninguna inversión de tu parte, salvo algo de tu tiempo. Y creo que siempre será mejor asegurarte de que esa inversión sea a tiempo, cuando el valor relativo es bajo para que recibas el retorno de tu inversión cuando el valor relativo del tiempo sea muy alto. Quiero agradecerte mucho por tu tiempo y buena suerte en tu viaje hacia optimizar el potencial humano, el mundo podría realmente necesitarlo".

4

Cómo ahorrar tiempo

"Recuerda, siempre podrás ganar más dinero, pero el tiempo malgastado nunca se recupera." Zig Ziglar

Considera por un momento el precio de un billete de avión. Cada aeroplano tiene una cantidad limitada de espacio, y el objetivo de la aerolínea es llenar el avión tanto como sea posible.

Cuando un avión despega con asientos vacíos, el precio de esos asientos cae inmediatamente a $ 0.00 dólares. Una vez que el avión despega, la oportunidad de vender los asientos vacíos se ha ido para siempre y la aerolínea no tiene absolutamente ninguna posibilidad de conseguir un centavo por ellos.

El valor de un asiento de avión está directamente relacionada con si está ocupado o no. No importa si el precio es de $400 dólares o $40, el asiento tiene valor sólo si hay una persona que se siente en él. Después del despegue, la posibilidad de recibir algún tipo de beneficio por su valor es historia.

Lo mismo puede decirse del "tiempo." Cada uno de nosotros tiene una determinada cantidad de tiempo que se nos pasa a cada momento. El tiempo perdido o desperdiciado no se puede recuperar. Desaparece una vez que se ha ido. Una vez que el segundo está detrás de ti, ya no puede ser revivido ni tampoco devuelto. El valor de un minuto sin uso se reduce a cero el mismo momento en que pasa.

El tiempo es un bien muy valioso, por eso lo que deseamos es atesorarlo y aprovecharlo al máximo. Queremos disfrutar de él. Por eso Steve Jobs decía: "Las cosas que más disfruto en la vida no cuestan dinero. Es muy claro que el recurso más preciado que todos tenemos es el tiempo."

Ahora que ya sabes que te pasas mucho tiempo desperdiciándolo, es "tiempo" de descubrir qué puedes hacer para dejar de desperdiciar momentos valiosos y aumentar tu eficacia.

El tiempo es incalculable

Por lo general las personas se dan cuenta de que entre más tiempo desperdician, más estresadas se sienten. Entre más estresadas se sientan, es más probable que sigan con los malos hábitos que los llevan a la desorganización y a la ineficiencia. Para ayudarte a ahorrar tiempo tienes que identificar tus hábitos, y después elaborar un plan que te ayudará a ahorrar tiempo en lugar de desperdiciarlo.

"La gestión de tu tiempo sin primero establecer prioridades es como disparar a cualquier lugar y luego ver a qué le diste y llamarlo el blanco." - Peter Turla

El identificar tus hábitos puede significar que tendrás que renunciar a algunos de los que te has aferrado con tanto ahínco por mucho tiempo. No te preocupes. Muchas personas descubren que si dan un paso a la vez tienen más probabilidades de tener éxito que si intentan cambiar de una sola vez todos los hábitos que les hacen perder el tiempo. En este capítulo descubrirás muchas herramientas y tácticas poco conocidas que te ayudarán a ahorrar dinero y a crear más tiempo en tu vida sin hacer grandes sacrificios.

Algunas maneras de ahorrar tiempo en tareas cotidianas

Rob Gilbert, dibujante y animador norteamericano, dijo

en una ocasión: "Primero formamos hábitos, luego ellos nos forman a nosotros. Conquista urgente tus malos hábitos, de lo contrario te conquistarán a ti."

La mejor manera de ahorrar tiempo es ver individualmente cada uno de los factores que te hacen perderlo. Usemos algunos de los ejemplos que pusimos en la asignación que completaste en el Capítulo 2.

Primero anotaremos el hábito que te hace perder el tiempo o el detonante que te lo quita. Después identificaremos herramientas potenciales que puedes adoptar y hábitos que puedes cambiar para que te ayuden a obtener una mayor eficiencia y productividad cuando estás haciendo uso de tu tiempo. Algunos de estos detonantes o hábitos de tiempo puede que ya no estén relacionados con tu situación presente. Si este es el caso sigue con el paso siguiente, aunque definitivamente no te hará ningún daño si lees todos los consejos que te damos (después de todo nunca sabes cuándo tu vida cambiará y necesitarás ahorrar tiempo cuando, por ejemplo, saques a pasear al perro, a pesar de que aún no tienes ninguno).

1. Pasear al perro – La mayoría de los perros necesitan su caminata diaria, y esto a veces te puede llevar más tiempo del que realmente quisieras. Sin embargo, si sientes que tu amigo canino está demandando mucho de tu tiempo, hay varias alternativas disponibles. Por ejemplo, puedes pedirle a alguno de los niños

(suponiendo que los tengas) que lleve al perro a pasear
como una "tarea" diaria. También puedes contratar a
alguien (delegar la tarea) para que saque a pasear al
perro algunos días de la semana, dejándote tiempo libre
para que puedas realizar otras tareas más importantes.
También puedes reducir la cantidad de tiempo que
pasas algunos días con tu perro en las mañanas, así
puedes contar con un poco de tiempo extra los días
que realmente lo necesites.

Ahora bien, los amantes de los perros también son el
tipo de personas a las que usualmente les gusta pasar
tiempo con su perro. Así que si descubres que estás en
una posición en la que te gustaría pasar más tiempo
paseando a tu perro, entonces tienes que encontrar
otras áreas de tu horario donde puedas ser más
eficiente de manera que puedas aumentar el tiempo que
pasas jugando o paseando a tu mascota.

Recuerda que las ideas que te presentamos aquí son
ejemplos generales de actividades que realizan las
personas, las cuales podrían realizar de una manera más
eficiente. No te sientas desmotivado si no ves en esta
lista tu principal actividad donde desperdicias el tiempo,
porque conforme continúes leyendo encontrarás
docenas de cosas para ahorrar el tiempo, y es muy
probable que haya alguna que te ayude en tu situación
específica.

2. Hablar por teléfono – La mayoría de las personas

pasan demasiado tiempo hablando por teléfono. Esto no quiere decir que no deberías hablar por teléfono si en realidad quieres y necesitas hacerlo. Por supuesto que puedes hablar por teléfono todo el tiempo que quieras una vez que hayas encontrado la manera de organizar tu horario de manera que puedas realizar tus tareas eficientemente, de una manera organizada y que no te produzca estrés.

Por el momento, si descubres que eres una persona que se la pasa en el teléfono constantemente y quieres ganar tiempo, ya sea en la casa o en la oficina, tienes que reducir el tiempo que pasas al teléfono. ¿Cómo lo puedes hacer? Primero decide cuáles serán las llamadas importantes, y por consiguiente, a la hora de llamar o recibir las llamadas, tendrás que decidir qué hacer. Decide también pasar menos tiempo al teléfono, ya sea hablando o revisando tus mensajes. Revisar los mensajes del teléfono puede convertirse en un hábito enfermizo y perjudicial, como lo es el revisar los correos electrónicos.

Es mejor que revises tus mensajes solamente dos veces al día. Fíjate si tienes la opción de que las personas que te llaman o escriben puedan clasificar el mensaje como "urgente" si necesitan algo que requiera tu atención inmediata. Como alternativa, puedes escuchar todos los mensajes y llamar de vuelta únicamente a aquellas personas que tienen una necesidad inmediata. Luego, aparta un poco de tiempo cada día o cada semana para llamar de vuelta a aquellos que simplemente querían "conversar", especialmente cuando te encuentras muy ocupado. No es de extrañar que las personas digan que el tiempo "vuela" cuando están hablando por teléfono. Estas horas podrían volar, pero de otras maneras, haz que sean más productivas. A menos que tu trabajo tenga que ver con llamadas a clientes o ventas, las probabilidades de que no necesites pasar mucho tiempo en el teléfono cada día son muy altas.

3. Navegar en internet – Este es un problema universal que se vive tanto en el trabajo como en la casa. Piensas que vas a revisar algo rápidamente y luego por accidente te das cuenta de que han pasado dos horas en las cuales has estado "navegando" sin pensar. Lo mismo puede suceder con la televisión. Enciendes el televisor con la intención de ver tu programa favorito. Poco tiempo después, a lo mejor durante los comerciales o justo cuando tu programa termina, te das cuenta de que no puedes evitar cambiar los canales.

Si te encuentras en el trabajo, adquiere la costumbre de nunca usar el tiempo de la compañía para usar internet para tus asuntos personales. Cuando estés en tu casa, asegúrate de que hayas terminado todo lo que tienes que hacer antes de ponerte a navegar en internet solamente por diversión. Fácilmente puedes tener una lista de "cosas por hacer" a mano o en tu computadora para que te puedas controlar. Si sientes que tienes un problema real con el internet, usa la conexión telefónica por un corto periodo de tiempo. Hay veces que esta conexión es tan lenta que perderás el interés en navegar, porque las páginas tardan mucho tiempo para descargar.

Si te ocupas de tus tareas prioritarias antes de ponerte a navegar en internet por diversión, no te quedarás sin tiempo cuando más lo necesites. También deberías de tomar la decisión de ponerle un límite al tiempo que pasas en la televisión. Las personas más exitosas por lo general ven menos de dos horas de televisión cada día. Los niños no deberían estar viendo televisión si pueden estar haciendo la tarea, jugando o realizando actividades que les estimulen la mente, no una que los estimule más adelante al sedentarismo y al síndrome de desperdiciar su valioso y preciado tiempo.

4. Leer y responder correos electrónicos – Así como sucede con el internet, muchas personas se obsesionan con el hecho de revisar su correo electrónico cada 5 minutos. Hazte un favor a ti mismo y apaga la notificación automática de correo electrónico. Prográmalo para que te avise solamente dos veces al día si tienes algún correo nuevo, o solamente cuando recibas correos urgentes o que tengan alta prioridad. Luego separa una hora cada día para revisar y responder tus correos. Puede que al principio esto te cueste mucho. Si es necesario, programa un reloj y cuando suene la alarma, deja lo que estás haciendo. Esto te ayudará a leer y responder tus correos de una manera más eficiente. Mantén al día tu carpeta de correo basura o no deseado, de lo contrario tendrás que buscar entre al menos 500 mensajes cada vez que necesites buscar un mensaje "perdido", o un mensaje importante que alguien te haya enviado y que por error llegó a la carpeta de correo no deseado.

5. Hurgar por bocadillos – A todos les gusta picar algo durante el día, eso es algo normal. ¿Desde cuándo comer bocadillos comenzó a ser un problema? Cuando te pones a recorrer todos los pasillos del edificio donde trabajas o los gabinetes de tu cocina durante horas sin fin en busca de un "bocadillo" para comer. ¿Por qué desperdiciar tiempo hurgando cuando la tecnología nos da el lujo de tener cosas ya preparadas?

Así es como puedes obtener el bocadillo que deseas sin tener que desperdiciar tiempo. Asegúrate de llenar tu nevera o maletín con bocadillos que ya vienen preparados. Estos pueden ser manzanas rebanadas, barras de granola, uvas, emparedados ya preparados y cosas por el estilo. Puedes ahorrar tiempo cuando cocines tus alimentos al prepararlos en grandes cantidades durante el sábado o el domingo. Congela lo que hayas cocinado para que lo puedas consumir durante la semana. De esta manera cuando termines tu día sintiéndote cansado, no te tendrás que preocupar por tener que cocinar. ¡Ya está preparado! Cocinar una o dos veces por semana es mucho más eficiente que andar hurgando por comida y cocinando durante los siete días de la semana.

Mientas estés en el trabajo planifica cómo vas a tomar tus descansos y cómo vas a ir a buscar bocadillos cuando los necesites. Te harás un gran favor a ti mismo si tienes unos cuantos bocadillos saludables en una gaveta de tu escritorio o en una alacena. De esta manera evitarás caer en la tentación de ir en esa frenética búsqueda por un bocadillo que te hará engordar, para luego quedarte conversando con cualquiera que te encuentres en el camino durante tu búsqueda por el perfecto "bocadillo" del día.

6. Empaca tu almuerzo – Si trabajas fuera de casa, empaca el almuerzo y disminuye tu descanso para almorzar en media hora en vez de una hora. De esta manera podrás usar ese tiempo extra para ponerte al día con las llamadas telefónicas, correos electrónicos o irte a caminar (y hacer un poco de ese ejercicio tan necesario). También ahorrarás mucho dinero en gasolina y en almuerzos costosos, pues los puedes hacer en tu casa por mucho menos dinero. Cuando comas, asegúrate de que te tomas tu tiempo para saborear cada bocado y disfrutar tu comida. ¿Por qué? Cuando lo haces te vas a sentir satisfecho más rápido y vas a disfrutar más fácilmente del tiempo que dispongas.

Demasiado a menudo las personas comen inconscientemente. Esto puede incluir el comerse un emparedado mientras intentas responder unos correos electrónicos o mientras terminas de limpiar el fregadero de la cocina. Recuerda que es más probable que vayas a desperdiciar tiempo y a comer más si no le pones atención a una cosa a la vez. Así que ten tu almuerzo listo, y cuando llegue el momento de comérselo, siéntate y saboréalo. Ahorrarás tiempo y te sentirás mejor al respecto.

7. Vestirte para ir al trabajo (o a la escuela) – La mayoría de las personas pasan demasiado tiempo alistándose. Tienes una reunión muy importante. Sacas tu traje y descubres que está arrugado. Pero no tienes por qué preocuparte si lo sacaste la noche anterior y lo dejaste listo con anticipación. Una de las cosas más comunes que hacen los que pierden el tiempo es no preparar con anticipación la ropa que se van a poner. Deberías planear el día anterior lo que piensas ponerte cada día. Lo mismo sucede con los niños. Deja lista tu ropa, plancha o lava todo lo que tenga que lavarse. Deja listo el maquillaje y los accesorios de manera que cuando te levantes de la cama estés lista para vestirte e irte. Agrega a estas actividades un desayuno que esté preparado con anticipación, y ahorrarás todavía más tiempo.

También te puedes duchar la noche anterior en lugar de hacerlo en la mañana. Una buena ducha caliente en la noche te relajará y te ayudará a dormirte más rápido y durante más tiempo. Puedes quedarte cinco minutos extra en la cama si no tienes que levantarte para irte a duchar.

Peor aún, ¿qué pasa si te levantas demasiado tarde y pierdes del todo la oportunidad de ducharte? No tienes que preocuparte si te preparaste desde la noche anterior.

Muchas personas se preocupan porque su cabello se verá ensortijado o desaliñado si se duchan la noche anterior. Sin embargo tú puedes solucionar eso con unos pocos accesorios que tienes a la mano. Si tu cabello en la mañana se ve sin volumen, después de la ducha, lo puedes rociar con alguno de los muchos acondicionadores de cabello que hay en el mercado. Hay muchos de dónde escoger (para hombre y para mujer) que le dan al cabello aplastado o sin volumen un aspecto de recién lavado. Arréglalo de la manera usual y listo. Un corte de cabello sencillo, que no requiera de mucha atención, también es de mucha ayuda para las personas que sienten que pasan demasiado tiempo arreglándose en la mañana.

Por supuesto, estas son algunas pocas maneras de ganar tiempo cada día. Existen muchas otras formas de hacerlo y en otras áreas de la vida. A lo mejor no tienes ningún problema de tiempo asociado con lo que acabamos de describir. No te preocupes; hablaremos aún más acerca de maneras para ganar tiempo en los próximos capítulos. Este es solamente el comienzo.

Solamente para convencerte hablaremos de unas cuantas cosas más que las personas que desperdician el tiempo tienen que lidiar diariamente. Digamos, por ejemplo, que tienes que trasladarte largas distancias para ir a trabajar. Intenta alternar la manera en que vas a trabajar cada día. Sal cinco o diez minutos antes y fíjate si eso reduce el tiempo de viaje y te da más tiempo para relajarte cuando llegas al trabajo (en vez de estar maldiciendo esos embotellamientos que se producen en la autopista).

También puedes ganar tiempo por medio del teletrabajo. Cada vez más las grandes compañías se están dando cuenta de lo valioso que es el teletrabajo, como un beneficio flexible para sus empleados. Si la empresa donde trabajas no ha implementado la política del teletrabajo, no te preocupes, pregunta si puedes formar un grupo para que determine la norma que permitirá el teletrabajo para ciertas posiciones. Una lectura recomendada en cuanto a este tema es el libro "La semana laboral de cuatro horas", escrito por Tim Ferris.

Otra manera para abogar por cosas que permitan el ahorro del tiempo es el trabajar cuatro días durante más horas en vez de hacerlo por menos horas durante cinco días. ¿A quién no le gustaría tener un fin de semana de tres días?

Asignación 3 – Cómo optimizar el tiempo

"El que planea cada mañana sus actividades para el día siguiente y actúa según ese plan, lleva consigo un hilo que le guiará a través del laberinto de la vida más ocupada. Por el contrario, para aquel que no se ocupa en hacer plan alguno, sino que se entrega a la incidente disposición del tiempo, el caos reinará pronto." Víctor Hugo.

Elige de tu lista una cosa que te haga perder el tiempo. No importa cuál elijas, aunque te recomiendo que escojas una que te haga desperdiciar el suficiente tiempo como para que amerite que la quieras corregir. El próximo paso es que tomes acción para que puedas ganar tiempo en vez de desperdiciarlo. ¿Cómo lo consigues?

Elabora un plan de acción. Escribe al menos tres maneras diferentes en que puedes abordar este problema e intenta las tres. Fíjate en cuál método te funciona mejor, y presta atención a si puedes ganar poco o mucho tiempo solamente cambiando unos cuantos hábitos en tu rutina diaria. Una vez que has encontrado tres maneras en la que puedes resolver un problema, la próxima vez que te topes con algo que te hace perder el tiempo, intenta encontrar cinco maneras para intentar resolverlo.

Escríbelas y después define un plan de acción que te permitirá ahorrar tiempo en lugar de desperdiciarlo.

1.

_____

2.

_____

3.

_____

4.

_____

5.

_____

Algunas veces los pequeños cambios causan un mayor impacto que los grandes. Ten eso presente la próxima vez que planees cambiar el resultado de tus actividades o el rumbo mismo de tu vida.

Ahora que ya sabes cómo ganar tiempo llevando a cabo algunas de las actividades normales de la vida, veamos otras estrategias para administrar tu tiempo. A lo mejor descubres que si combinas múltiples teorías de administración del tiempo puedes crear tu propio paradigma para el éxito. En la próxima sección le echaremos un vistazo a varias metodologías y estrategias. Rescata aquellas que se conecten más contigo, y adopta algunas de las herramientas para ver cuáles funcionan mejor.

5

Paradigmas de la
Administración del Tiempo

"En lugar de pensar en los problemas de ayer, emplea el 80% de tu tiempo pensando en las oportunidades de mañana." Brian Tracy

Existen miles de libros de autoayuda que explican la administración del tiempo. Algunos de ellos ofrecen herramientas comunes para ganar tiempo, y otros requieren que hagas una revisión general de tu vida. En esta sección revisaremos algunos de los modelos más importantes de administración del tiempo, los cuales luego puedes usar para crear tu propio modelo para así lograr el éxito en tu vida.

Notarás que las recomendaciones que hacemos en esta guía provienen de varios paradigmas. Como la administración del tiempo no es una estrategia "talla única", es importante que seas objetivo mientras repasamos las siguientes estrategias, para que puedas elegir aquellas que funcionarán mejor para ti.

Objetivos enfocados en las Estrategias para la Administración del Tiempo

Mario Fernández era un alma frustrada. La organización para la cual trabajaba tenía una regla que negaba las promociones a la designación de "manager" para cada uno de sus departamentos técnicos a cualquier persona que no era un graduado de la carrera de ingeniería. Mario había dejado sus estudios después de obtener un diploma en ingeniería mecánica. Él había creído desde el principio que su trabajo duro y la industria para la cual trabajaba le podrían llevar a lugares altos, a pesar de sus modestos títulos. Nunca se imaginó que su falta de educación podría ser un obstáculo para sus promociones a niveles más altos en la jerarquía de la empresa para la que trabajaba actualmente.

Fue en ese tiempo que su organización me contrató para una asignación de mentores a los empleados de la empresa. Por lo tanto, él era uno de los participantes.

Mario abrió su corazón en nuestra primera reunión: "Tres veces mi jefe me ha recomendado para el cargo de "manager" basado en diferentes evaluaciones de mi desempeño, pero cada vez que la han presentado ha sido rechazada. El departamento de recursos humanos pone adelante las reglas de la empresa y mi caso queda archivado por ahí.". Mario me dijo que incluso él había contemplado abandonar la organización, pero no era fácil de conseguir otro trabajo decente debido a la escasez de las empresas industriales de la región. Además de que tenía algunas necesidades familiares. Su padre y su madre estaban enfermos, eran ancianos y vivían en un pueblo cercano, y él estaba obligado a estar cerca para cuidar de ellos. Así, prefirió quedarse en el municipio de la compañía que estaba cerca de la ciudad donde sus padres residían.

Tras un largo debate con él, le propuse: "Si tus calificaciones académicas están frenando tu progreso, ¿por qué no conseguir un título de ingeniería y unirse a un curso nocturno en una universidad de ingeniería cercana o unirse a un programa de aprendizaje a distancia que pueda estar disponible en alguna parte?" Mario había pensado en ello, pero no había una universidad de ingeniería en esa región y sólo existía un curso a distancia disponible, el cual se consideraba equivalente a un título de ingeniería y el que también sería reconocido por su organización.

Sin embargo, según Pedro, ese curso era muy duro y

necesitaba estudiar mucho, para lo cual no tenía orientación de nadie. Se necesita también una gran cantidad de tiempo libre, el cual era el requisito más importante para completar el curso. Ahora que él era un hombre de familia, con una esposa y dos hijos, simplemente no podía empezar ningún curso.

Le dije: "Estoy de acuerdo contigo en que para cada persona el tiempo siempre ha sido una restricción. Nadie tiene tiempo ilimitado a su entera disposición. Pero lo que uno sí puede hacer es tener una buena "gestión del tiempo", logrando de esa manera encontrar el para aquellas actividades que son importantes en la vida de uno. Muchas personas pasan mucho de su tiempo en actividades sin importancia y por lo tanto no encuentran tiempo para hacer las actividades importantes."

Mario se puso un poco a la defensiva: "¿Quieres decir que decir que paso mi tiempo en actividades sin importancia? Después de llegar a casa desde la oficina tengo decenas de diligencias que atender. Tengo que ir al supermercado de compras, ir a banco, voy a la oficina de correos, asisto a las reuniones de padres y maestros en las escuelas de los niños y cosas por el estilo. ¿No son actividades importantes? Y también tenemos que hacer un poco de sociales, con una que otra juntada en casa de amigos."

Le pregunté: "Pero todo esto no puede consumirte

toda la noche. ¿Por qué no le enseñas a tu esposa que haga la mayoría de estas cosas? Ella sin duda puede manejar todas estas actividades. Al principio tendrás que ir con ella, pero luego será totalmente independiente. De esta manera tendrás una buena cantidad de tiempo libre disponible para concentrarte en los estudios del curso de ingeniería.

Al oír esto, Mario hizo algunos cálculos mentales y dijo: "Eso puede ser, pero también paso algún tiempo en familia viendo la televisión, es el único entretenimiento que tenemos en este pueblito."

Así que le pregunté: "¿Cuánto tiempo miras TV todos los días?" Y su respuesta me sorprendió: "Al menos 3 a 4 horas cada noche, lo que significa al menos una película por día."

A lo que respondí: "Pero eso es una sobredosis de entretenimiento, y supera cualquier estándar. Si insistes en ver tanta televisión y disfrutas de tener tanto entretenimiento, la única historia de éxito que vas a tener en tu vida será que viste muchas películas, pero te puedo garantizar por escrito que vas a jubilarte sólo como un "subgerente", mientras que todos tus colegas subirán la escala jerárquica en la empresa a medida que pasa el tiempo. Puede que no te guste relegar esas horas de ocio, y a tu familia tampoco, pero aún eres muy joven, de solo unos 35 años de edad, y tienes por lo menos otros 25 años de carrera profesional. Así que piensa seriamente en reducir el entretenimiento diario para ganar fácilmente 3 a 4 horas de tiempo valioso. Podrás completar el curso en cuestión de 2 a 3 años. Luego de hacerlo podrás pasar parte de tu tiempo en el entretenimiento que prefieras."

Parece que mi crítica constructiva trabajó positivamente en él. Se dio cuenta de que hacer el curso era, con mucho, lo más importante en su vida en ese momento. Para ello se sintió convencido de que necesitaba tiempo suficiente para estudiar, y entendió que podía manejar los tiempos para sí mismo, como así también capacitar a su esposa para hacer las tareas cotidianas tales como ir al banco, a la oficina de correos, al supermercado, etc. Al delegar esas tareas y reducir sus horas frente a la televisión lo liberaron para enfocar su atención en las cosas más importantes en la vida.

Él me escribió más tarde esa semana diciéndome que por fin se había inscrito en el curso de ingeniería.

Después de alrededor de 3 años, recibí una llamada telefónica de Mario, contándome que había completado con éxito el curso, por lo cual fue promovido a la posición de "manager", y la compañía le había asignado una categoría superior en la tabla de jerarquías.

Lo felicité por su excelente demostración de "gestión del tiempo" en acción.

Existen muchas estrategias para la administración del

tiempo que se enfocan en definir y lograr objetivos en un determinado periodo de tiempo. En teoría, si llevas a cabo esto te ayudará a trabajar de una manera más eficiente y productiva.

Definir objetivos es una herramienta útil para administrar tu tiempo, pero solamente funciona si sabes cómo definir objetivos eficiente y eficazmente. Si pasas demasiado tiempo tratando de determinar cuáles son tus objetivos, en realidad no vas a ahorrarte mucho tiempo, especialmente si no cumples con tus objetivos y no le das seguimiento a tu progreso con respecto a ellos.

Administración del Tiempo Orientada a las Tareas

Muchas personas llevan una lista de tareas para llevar un control más preciso de lo que tienen que hacer. Las listas de tareas o de cosas por hacer pueden ser muy útiles si sabes cómo usarlas de manera eficiente. Muchas personas tienen organizadores de tareas en sus computadoras, ya sea por medio de Outlook o algún otro medio. Puedes comprar un organizador de tareas o un organizador de papel, dependiendo de tus preferencias.

El día de hoy muchísimas personas están utilizando herramientas online que pueden consultar donde sea que estén, desde el dispositivo que estén usando en ese momento. Ésta es una lista de las más comunes hoy en día, y que puedes usar para ayudarte a mantener un registro con tus tareas y horarios:

1. RescueTime (RescueTime.com) - es un software online que te permite administrar tu tiempo con eficacia, ya que te mostrará un análisis exhaustivo de las tareas que malgastan tu tiempo.

2. NowDoThis (NowDoThis.com) - este servicio te ayudará a realizar una lista de cosas para hacer que sea fácilmente alcanzable. También te ayudará a identificar la tarea más importante de manera mucho más rápida.

3. Checkvist (Checkvist.com) - Es un software gestor de listas que te permitirá organizar tu tarea en la jerarquía establecida usando atajos de teclado, lo cual te permite editar los horarios en un instante.

4. Toggl (Toggl.com) - Con este servicio puedes realizar un seguimiento de cualquier tarea en tiempo real.

5. Mind42 (Mind42.com) - Se trata de un software de mapa mental que te permitirá organizar y ver tus tareas en detalle, para que sepas cómo y cuándo hacer una tarea determinada.

6. Evernote (Evernote.com) Este servicio te brinda un lugar para grabar y guardar todos tus pensamientos, notas, fotos y demás, para que lo tengas en el

dispositivo que lo necesites donde sea que te encuentres. Solo necesitas una conexión al Internet y un navegador.

Una clave para que la estrategia de tener listas funcione es que sepas cómo definir las prioridades de tus tareas. Si no priorizas tus tareas correctamente, no vas a lograr terminar muchas cosas durante el día. Existen muchas maneras para que puedas priorizar tus tareas. Algunas personas usan sus artefactos electrónicos o programa de correo electrónico para darle seguimiento a las tareas, y enlistarlas en orden de prioridad, por ejemplo del 1 al 10. ¿Cómo sabes cuáles tareas son más importantes?

Por lo general las tareas que son más importantes para completar son las que causan el mayor impacto si fallas en terminarlas. Digamos por ejemplo que estás estudiando para tu maestría. Si haces el examen y no lo pasas, habrás desperdiciado mucho tiempo asistiendo a clases para nada. Por lo tanto, y en este caso, el estudiar para tu maestría tendrá prioridad sobre ir a esquiar o algún pasatiempo que disfrutes hacer, como lo vimos anteriormente en la historia de Mario.

Otros métodos para organizar las tareas incluyen identificar las tareas que debes realizar durante el día, durante la semana o en el transcurso del mes. Si asignas una tarea a un mes, y si quieres que este método te funcione, asegúrate de darle una fecha límite. Este método es parecido a lo que muchos conocen como el método ABC para organizar las tareas.

Método de Categorización para la Administración del Tiempo

Este método se hizo popular gracias a Steven Covey, famoso autor de muchos éxitos de ventas incluido el libro "7 Hábitos de la Gente Altamente Efectiva." Covey abarca varios enfoques para administrar el tiempo, los cuales algunos de ellos son priorizar las tareas, enfocarse en objetivos bien definidos, conceptos organizacionales y adoptar un ritmo o un flujo para tus actividades diarias. De todos los enfoques, los del señor Covey se encuentran entre los mejores, ya que son muy completos y son multifacéticos. No se enfocan en un método o en otro, por el contrario, incorporan elementos de varios métodos.

Covey también recomienda, como lo hacen muchos otros autores, que las personas que quieren administrar mejor su tiempo adopten el hábito de identificar "malos" hábitos, y luego busquen la manera de convertirlos en proyectos para ganar tiempo. Digamos, por ejemplo, que cada día te levantas y tienes que apagar la alarma del despertador seis veces. Esto significa que te levantas tarde y llegas al trabajo diez minutos tarde cada día. Una manera de solucionar este problema es comprar o usar un reloj que no se pueda programar para que la alarma suene cada cierto tiempo. Asegúrate de conseguirte uno con una alarma lo suficientemente ruidosa para que te despierte, y ponlo lejos de ti (en vez de ponerlo al lado de tu cama), así tendrás que levantarte sí o sí para apagarla.

Otros Conceptos de Administración del Tiempo

Existen una docena de otras teorías de la administración del tiempo que puedes leer para que te ayuden a ganar el tiempo que necesitas. Las mejores destrezas para administrar el tiempo son aquellas que puedes poner en práctica eficientemente. Esto quiere decir es que si funciona para una persona no necesariamente funcionará para otra, y eso está bien.

Tu trabajo es hacerte cargo de tu vida e identificar las estrategias de administración de tiempo que funcionen mejor para ti y para tu estilo de vida. Es hora de que reflexiones acerca de estos principios y consideres cuáles son los que mejor se adaptan a ti, a tus hábitos y a tus gustos personales. ¿Eres el tipo de persona que se mantiene organizada cuando te defines objetivos para ti mismo? A lo mejor prefieres llevar una lista diaria, semanal o mensual de "cosas por hacer." A lo mejor incluso decides combinar los modelos o paradigmas de administración del tiempo para lograr tus objetivos, y trabajar u organizar tu día de una manera más eficiente.

Una vez que has pasado algún tiempo pensando en las diferentes maneras en que puedes organizar tu tiempo, tu trabajo es comenzar a poner estas herramientas en acción. ¿Cómo lo haces? Tienes que aprender a aplicar de una manera práctica estos modelos de administración del tiempo de manera que tengan sentido en tu estilo de vida.

En la próxima sección tomaremos estas teorías y las aplicaremos de una manera práctica, de manera que puedas aprender a incorporar habilidades para ahorrar tiempo en tu rutina diaria sin tener que interrumpir esa rutina de una manera extensa.

Asegúrate de pasar bastante tiempo revisando los conceptos que te presentaremos en la siguiente sección, porque ellos serán la base de tu éxito futuro como administrador del tiempo. Si llegas a dominar la próxima sección descubrirás que tienes la capacidad de ganar tiempo y de usarlo sabiamente, además de enseñarles a otras personas a hacer lo mismo. Si quieres puedes familiarizarte con todas las herramientas que te presentamos, de manera que seas capaz de hacer lo necesario para ahorrar tiempo de una manera productiva y lo menos dolorosamente posible.

Vamos a descubrir entonces cómo utilizar todas estas herramientas y crear tu estrategia personal para administrar exitosamente tú tiempo.

6

Estrategias Personales de
Administración del Tiempo

"La administración del tiempo es realmente administración personal y administración de vida." Brian Tracy

Ya que estás familiarizado con algunos de los paradigmas para la administración del tiempo, vamos a repasar lo que harás para mejorar tus habilidades y capacidades para administrarlo exitosamente. Puedes elegir probar todas las técnicas que voy a mencionar o simplemente algunas de ellas.

Recuerda que todas las personas son diferentes. A lo mejor te ves en la necesidad de intentar cada uno de los modelos antes de decidirte por el que es más probable que te vaya a ayudar a organizar tu tiempo eficientemente. Puede que vayas a usar varios métodos o puede que solamente uses uno. No te preocupes por "hacerlo bien" porque es positivo si intentas algo y funciona, ya que lo estás haciendo bien, aunque estés cumpliendo con tus objetivos para administrar el tiempo de una manera "poco convencional."

Comenzaré mostrándote cómo definir metas como un medio para administrar tu tiempo.

Definición de Objetivos y Metas

El famoso autor John C. Maxwell dijo: "La gestión del tiempo es una contradicción. El tiempo está más allá de nuestro control, y el reloj sigue avanzando, independientemente de la forma en que conduzcamos nuestras vidas. La verdadera respuesta para maximizar el tiempo que tenemos es la administración de nuestras prioridades."

El establecer prioridades, junto con metas y objetivos, es crucial a la hora de gestionar mejor el tiempo. La idea de definir metas es muy sencilla y a pesar de eso muchas personas fallan a la hora de hacerlo. Fracasan al definir metas o simplemente no se toman el tiempo suficiente para hacerlo.

No descartes la idea de definir metas solamente porque ya lo has escuchado anteriormente. La mayoría de las personas que intentan definir metas lo hacen de la manera equivocada, lo que los conduce a una ineficiencia aún mayor. Estás aquí para aprender cómo definir objetivos de una manera sabia, de manera que puedas comenzar a ganar tiempo. La definición de metas con la intención de administrar el tiempo es un poco diferente a definir metas con otros propósitos.

¿Todos los que están interesados en la administración del tiempo deberían pensar en definir metas? Sí. La definición de metas es algo importante independientemente de tu trabajo o tu campo de interés en la vida.

Las metas son necesarias ya que pueden darte la motivación correcta. Las personas orientadas hacia un objetivo administran su tiempo de manera más eficiente y siempre piensan mirando hacia adelante, porque saben que con una planificación adecuada pueden corregir el rumbo, acabar sus tareas más rápido y alcanzar sus metas.

Por esta razón es que deberías estar muy consciente de todos tus objetivos, ya que cada uno de ellos son herramientas de motivación o ideas que te proporcionarán el entusiasmo necesario para la actividad que tienes por delante.

Es importante que tus objetivos sean específicos, medibles, alcanzables y realistas. Un buen objetivo debe basarse en tus condiciones actuales y los recursos que tienes disponibles, sin embargo, para lograrlo también debes estar dispuesto a incrementar tus recursos o cambiar las condiciones actuales de trabajo.

Un objetivo es también una proyección, una forma de dirigir tus pensamientos hacia lo que tú ves como éxito. Es un modo de pensar, el cual también es otro aspecto importante a la hora de desarrollar habilidades efectivas para la correcta gestión del tiempo. Debes ser consciente del poder de la mente y de lo que crees. Utilizar el poder del pensamiento positivo también puede ayudarte a mantener una actitud positiva, lo cual es muy necesario en cualquier aspecto de la vida moderna.

Con respecto a esto escribí un libro llamado "Alcance Sus Sueños", el cual tiene el propósito de ayudarte a alcanzar aquellas metas que todavía no has logrado y animarte a seguir luchando por aquellos sueños que estás persiguiendo. Allí escribí sobre cómo visualizar tus sueños y metas, entre otros temas relacionados.

Jack Canfield, autor y conferencista norteamericano, dijo: "Las personas exitosas mantienen un enfoque positivo en la vida, no importa lo que esté pasando a su alrededor. Se concentran en sus éxitos del pasado en lugar de enfocarse en sus errores, y también se orientan hacia los próximos pasos de acción que deben tomar para conseguir llegar más cerca del cumplimiento de sus objetivos, en lugar de prestarle atención a todas las otras distracciones que la vida les presenta."

Bien lo dijo Tony Robbins: "Establecer metas es el primer paso para transformar lo invisible en algo visible." Para definir metas tienes que tener objetivos. Para saber cuáles son tus objetivos tienes que hacerte las siguientes preguntas.

- ¿Qué es lo que quiero de la vida?
- ¿Cuál es mi prioridad número uno?
- ¿Cuál es mi prioridad en el trabajo?
- ¿Cuál es mi prioridad en mi casa?
- ¿Qué es lo que más me interesa mejorar en mi vida?
- ¿Dónde me veo de aquí a un año?
- ¿Dónde me veo de aquí a tres años?
- ¿Dónde me veo de aquí a cinco años?

Se te pueden ocurrir más preguntas que te serán de utilidad cuando decidas cuáles son tus objetivos. En cuanto a esto, hay diferentes áreas en tu vida para las cuales tendras que establecer prioridades y planificar de manera efectiva. Repasemos a continuación algunos diversos tipos de metas que puedes emplear, las cuales te ayudarán a hacer más cosas en menos tiempo:

Objetivos motivacionales

Este tipo de objetivos, como lo mencioné anteriormente, son los que te mueven hacia adelante y te inspiran a ser el mejor en lo que haces. Las metas motivacionales son como imágenes de cómo te ves en el futuro.

Recuerda que la mayoría de las personas son generalmente motivadas por la forma en que definen su futuro o por lo que desean lograr en la vida. Establecer este tipo de objetivos siempre te dará el impulso necesario para trabajar duro y no perder el tiempo al alcanzarlos.

Objetivos proyectados

Estos objetivos son los que deseas alcanzar en un plazo de tiempo determinado. El resultado de tu plan depende de tu producción proyectada, de esta forma puedes lograr lo que quieres si has creado las condiciones adecuadas para llegar al final del camino.

Son similares a las metas motivacionales, sin embargo, estos objetivos tienen más que ver con lo que deseas lograr, para luego crear las condiciones que te ayudarán a llegar a ellos.

Estos son algunos consejos que pueden ayudarte a establecer metas proyectadas:

Objetivo Profesional: ¿Cuál es mi idea del éxito y cómo puedo llegar?

Objetivo educativo: ¿Qué quiero aprender y por qué debo aprender esto? ¿Cuáles son los elementos, la información y las habilidades que tengo que adquirir para sobresalir y convertirme en un ciudadano productivo?

Metas familiares: ¿Cuál es mi concepto de hogar y cómo puedo definir mi familia? ¿Soy consciente de mi linaje y mis metas familiares? ¿Cómo me imagino a mí mismo como parte de mi familia, y a ellos? ¿Cómo quiero que me imaginen?

Metas financieras: ¿Cuáles son mis expectativas financieras? ¿Con cuánto dinero deseo disponer a final de mes?

Metas Físicas: ¿Qué es lo que quiero llegar a ser, físicamente hablando? ¿Cuáles son mis aficiones o deportes preferidos? ¿Tengo deseo de competir en eventos deportivos?

Tal vez te preguntes: "¿Por qué son tan importantes las metas personales en la gestión del tiempo?" Es así porque tu vida es una serie de tareas grandes y pequeñas, y cada una de ellas te lleva más o menos tiempo para realizarlas. Todas tus actividades gobiernan tus decisiones conscientes y subconscientes hacia lo que deseas lograr, por eso es que es primordial administrar tanto las tareas grandes como las pequeñas.

Veamos cómo establecer buenas metas en algunas de

las áreas vistas anteriormente. Por ejemplo, puede que tu prioridad número uno sea conseguir más tiempo para estar con tu familia.

¿Cómo lo haces? Tienes que plantearte metas y cumplirlas para que puedas ganar tiempo y administrar tus funciones eficientemente. Recuerda que todos en la vida llevan muchos sombreros diferentes el del trabajo, el de la política, el de la religión, el de la familia, etc. A medida que pase el tiempo te darás cuenta de que para administrar tu tiempo más eficientemente tendrás que plantearte metas y reacomodar tu horario para cada diferente sombrero que lleves puesto.

Veamos el papel que cumples en tu familia. Quieres pasar más tiempo con todos ellos. Puedes incluso definir más específicamente esa meta, algo como "quiero pasar dos horas cada noche conversando con todos los miembros de mi familia." Está genial. Has definido un objetivo concreto y muy tangible. Para lograr esto tienes que definir metas que puedas lograr llevar a cabo. ¿Cómo lo puedes hacer?

Primero tienes que descubrir cuáles son las cosas que te hacen desperdiciar el tiempo que tanto necesitas. Una vez que sabes cuáles son, puedes adoptar algunas estrategias para ahorrar tiempo. Digamos por ejemplo que tienes un horario de trabajo flexible. Averigua si puedes condensar tu semana de trabajo de manera que puedas salir media hora antes tres días a la semana para que puedas pasar más tiempo con tu familia. Haz más corto tu descanso para almorzar. Si lo haces, a lo mejor podrás negociar el poder irte más temprano del trabajo para evitar el congestionamiento de tráfico. De esta manera llegarás a tu casa más temprano y también menos estresado, de manera que podrás disfrutar del tiempo adicional que tienes para estar con tu familia.

¿Cuáles son otras maneras en que puedes llevar a cabo tu objetivo? Haz que tu familia se te una para un picnic a la hora del almuerzo en lugar de almorzar en el trabajo. Si eres un padre que está en la casa puedes empacar un picnic y llevárselo a tu pareja al trabajo para que puedan pasar tiempo juntos.

Ya te he presentado otras ideas, como preparar por adelantado alimentos para toda una semana. Estas son formas relevantes de ganar tiempo. Puedes tomar en cuenta tener tu lista de "cosas para ganar tiempo" a mano, para que puedas recurrir a ella cada vez que intentes descubrir cómo dominar el arte de administrar el tiempo, para realizar alguna meta o para crear metas para cumplir tus objetivos.

Esta es la manera en cómo deberías escribir tus metas de manera que puedas cumplir con tus objetivos.

1. Meta #1 – Planear con anticipación alimentos por lo menos para tres días, para no tener que cocinar todas las noches.

2. Meta #2 - Levantarse diez minutos más temprano para evitar el tráfico, y salir del trabajo diez minutos antes para llegar a casa más temprano.

3. Meta #3 - Apagar el televisor y cenar juntos en familia por lo menos dos días a la semana.

4. Meta #4 – Si es posible delegar algunas tareas a otros miembros de la familia, aunque sean cosas sencillas como lavar los platos. En vez de que una persona sea quien tenga que limpiar después de cenar, puedes convertirlo en una actividad familiar.

5. Meta #5 – Planea al menos una vacación "familiar" cada año, donde puedas pasar por lo menos de tres a siete días con tu familia. No lleves el trabajo contigo. Deja en la casa tu computadora personal. Disfruta las vacaciones por lo que son, y recupera las energías.

Puedes tener varias metas diferentes dependiendo de tu definición de la familia. Recuerda que también puedes cambiar tus metas en cualquier momento dependiendo del curso de tu vida. Simplemente recuerda que no es suficiente con tener el objetivo de pasar tiempo con tu familia. Tienes que definir metas tangibles que puedas usar para conseguir más tiempo para pasarlo con tu familia.

Considera como metas aquellos eventos pequeños que deben ocurrir para que puedas llevar a cabo tus objetivos. Estos son los pasos que eventualmente te conducirán al éxito o al fracaso conforme vayas trabajando en administrar tu tiempo más eficientemente.

Nunca digas "No puedo"

Muchas personas no se plantean metas porque viven bajo la falsa creencia de que "no pueden" hacer algo. En la vida no hay espacio para decir "no puedo" si quieres administrar tu tiempo de manera más eficiente.

Supongamos por ejemplo que te gustaría tener un horario de trabajo más flexible. También vamos a asumir que tu trabajo no ofrece esa posibilidad. No asumas que porque no está la política de un horario de trabajo flexible, no puedes mencionarle la posibilidad a tu jefe de que te deje salir diez minutos o incluso media hora antes uno o más días a la semana.

Te doy una idea, ¿por qué no preguntarle a otros miembros y empleados si preferirían tener un horario de trabajo más flexible? Si están de acuerdo, haz una petición junto a ellos y llévala a Recursos Humanos. Muchas empresas en la actualidad se están dando cuenta de la necesidad de que los empleados mantengan una vida laboral balanceada si desean mantener una fuerza laboral de buena calidad.

Si descubres que no eres capaz de comprometerte con esto, entonces intenta buscar en otros lugares de tu día donde puedas ahorrar tiempo para poder cumplir con tus metas. Algunas personas, y como resultado de definir una meta y un objetivo, de hecho deciden cambiar su trabajo actual por uno que ofrezca oportunidades más flexibles.

George Bernard Shaw dijo: "Progresar es imposible sin cambiar, y los que no pueden cambiar de opinión no puede cambiar absolutamente nada." Cuando se trata de administración del tiempo, cualquier cambio es mejor que ninguno. No te permitas perder el impulso, y recuerda que por cada camino que puedas seguir es probable que haya otro camino o alguna ruta alterna disponible para ti.

Cuando comienzas a adoptar actitudes más positivas, las personas a tu alrededor harán lo mismo. Antes de que te des cuenta habrás ahorrado tiempo y también ayudado a otros a hacer lo mismo.

Elimina el estrés

Había una vez un campesino que descubrió que había perdido su reloj en el granero. Y la cosa era que no era un reloj normal, sino que se trataba de uno que tenía un gran valor sentimental para él. Después de buscar arriba y abajo entre el heno durante mucho tiempo, simplemente se rindió, pero empeñado en encontrarlo, salió a buscar ayuda de un grupo de niños que estaban jugando afuera.

Los reunió y luego de explicarles lo que había perdido, les prometió que la persona que encontrara el reloj sería muy bien recompensado. Al oír esto los niños corrieron dentro del granero para comenzar, pero pasaron varios minutos yendo de aquí para allá y revolviendo el heno, pero ninguno de ellos pudo hallarlo.

Justo cuando el agricultor estaba a punto de renunciar a la tarea, un niño pequeño se le acercó y le pidió que le diera otra oportunidad. El granjero lo miró y pensó: "¿Por qué no? Después de todo, este chico parece bastante sincero." Así que el granjero envió al niño de vuelta al granero.

Después de un rato, ¡el niño salió con el reloj en la mano! El granjero estaba feliz, pero a la vez muy sorprendido, así que le preguntó al chico cómo fue que pudo encontrarlo y hacer algo que los demás no pudieron.

El muchacho respondió: "No hice más que sentarme en el suelo y escuchar. En el silencio, oí el tictac del reloj y simplemente empecé a buscar en esa dirección."

¿Sabías que demasiado estrés puede frustrar tus esfuerzos para administrar tu tiempo más eficientemente? El estrés es el asesino número uno de la creatividad. Puede destruir tu motivación para tener éxito. Puede derrotar tu propósito principal. Puede causar que te sientas desmotivado a realizar las actividades en las que quieres participar para ganar tiempo y aprovecharlo al máximo.

Una mente tranquila puede pensar mucho mejor que una mente que está constantemente ocupada. Aparta solo unos cuantos minutos para estar en silencio y descansar tu mente todos los días y verás cómo te ayuda a alinear tu vida para logar tus objetivos.

Siéntate un rato y comienza a meditar en todas tus estrategias para alcanzar tus metas. A veces encontramos lo que se perdió en el silencio, y no en el bullicio de nuestras actividades cotidianas.

Todo el mundo tiene estrés, pero es frecuentemente el resultado de habilidades deficientes para administrar el tiempo. Las buenas noticias son que si reduces tus niveles de estrés y adoptas estrategias que sean más eficientes con respecto al tiempo, notarás que tu vida mejorará dramáticamente. Entre menos estrés tengas, más probabilidades tendrás de trabajar eficientemente, incrementando así tu productividad, y por consiguiente, tu administración del tiempo.

A continuación te presento algunos reductores de estrés que puedes realizar para que te ayuden a ser más productivo y eficiente:

* **Duerme lo suficiente**. Esto puede sonar muy tonto,

pero mientras menos tiempo duermas tu cuerpo va a producir más cortisol (la hormona responsable del estrés). Eso hará que te sientas con mucha pereza y algo aletargado. Conforme te sientas más soñoliento, es menos probable que vayas a realizar bien tus tareas diarias y por consiguiente, serás ineficiente. Puede que llegue a tomarte una hora llevar a cabo una tarea que te podría haber llevado veinte minutos si estuvieras más descansado. Para la mayoría de las personas entre siete u ocho horas de sueño cada noche es algo necesario. Eso quiere decir que hay que acostarse a las diez de la noche. Te puedes levantar unos minutos más temprano si sientes que necesitas más tiempo de tranquilidad. Puedes grabar tus programas favoritos, los que presentan tarde, así no tendrás que perder horas valiosas de sueño por estar perdiendo el tiempo quedándote levantado para ver televisión.

* **Alista hoy las cosas para mañana.** ¿Cómo lo haces? Si sabes que tienes que asistir a una reunión importante del trabajo, entonces prepara tus mejores ropas la noche anterior y asegúrate de que estén planchadas. No quieres estar la mañana siguiente corriendo por toda la casa buscando unas medias limpias o una camisa que no esté arrugada. Cada día deberías destinar aproximadamente media hora en las noches para planificar con anticipación el siguiente día. De esta manera contarás con tiempo de sobra por si te toparas con problemas inesperados (como un

embotellamiento) que vaya tomar el poco tiempo que puedas tener.

* **Nunca asumas**. Muchas personas descubren que se estresan cuando asumen que las cosas van a suceder de cierta manera (y suceden de otra). Esto es parte de la vida. Si llegas a una situación sin asumir nada y sin expectativas, y más bien te enfocas en tener una perspectiva abierta, es más probable que puedas sobrellevar lo inesperado y mantener un nivel bajo de estrés. No asumas que puedes salir de tu casa a las 12:00 y llegar a tiempo a tu cita médica a las 12:20 solamente porque tu doctor vive a quince minutos de tu casa. ¿Qué tal si te topas con un accidente de camino y necesitas diez minutos adicionales? Si planeas con anticipación y mantienes una actitud positiva, te ayudará a que te sientas menos estresado y a que los pequeños tropiezos como este no te afecten tanto.

No postergues las cosas

Permíteme compartir contigo una historia graciosas que he leído recientemente y que puede vincularse con la postergación y su impacto. Es la historia de una familia de tortugas. La familia está compuesta por papá, mamá y la tortuga bebé. La tortuga bebé era muy perezosa y siempre posponía todo lo que se le asignaba.

Un día, mamá, papá y la tortuga bebé decidieron ir de

picnic. Cuando llegaron al parque, se dieron cuenta que había cambiado el clima y parecía que iba a llover. La tortuga mamá le pidió a la tortuga bebé que corriera a casa a buscar un paraguas para que puedan disfrutar de la comida campestre, como estaba previsto, así llueva o truene.

La tortuga bebé, como siempre, dijo: "No, no puedo ir, ¿por qué no vas tú y lo traes?" Papá tortuga se enfadó y le dio una mirada de enojo a la tortuga bebé. Con su rostro pálido del susto, la tortuga bebé se atrevió a decir: "Si voy a casa y traigo el paraguas, ¿prometen que no comenzarán a comer sin mí?" La tortuga mamá le aseguró que esperarían por él antes de empezar a comer.

Con esta confirmación, la tortuga bebé se alejó por entre los árboles del bosque circundante. Pasaron diez minutos y la tortuga bebé no aparecía. Pasó una hora. Transcurrieron dos, cinco, diez horas. ¡Un día completo! Ni mamá ni papá tortuga habían comido nada, así que ya se estaban desmayando del hambre. Se preguntaban por qué la tortuga bebé tardaba tanto tiempo, y si estaría bien.

Finalmente, la mamá tortuga le dijo al papá tortuga: "Bueno, como todavía no ha regresado, podríamos al menos comer algo." En ese instante ven que desde lejos la tortuga bebé asoma la cabeza por detrás de un árbol y grita: ¡Si comen algo entonces no voy nada!"

A pesar de ser un cuento tonto, tiene un mensaje importante. La tortuga bebé me recuerda a cómo muchos de nosotros hacemos de la postergación un hábito. Su madre le dijo que iban a esperarlo para comer, pero él optó por esconderse detrás de un árbol para descansar. Les hizo perder el tiempo a todos, y arruinó el día de campo que estaba planeado para esa jornada.

Aunque no te sientas identificado con el tipo de personalidad de los que "postergan", la mayoría de las personas que tienen problemas para administrar su tiempo algunas veces dejan las cosas para más tarde. Después de todo esto es algo normal en la vida. Existen muchas razones por las que las personas postergan las cosas. Algunas veces es porque tienen que realizar una tarea grande y no quieren enfrentar todo el trabajo que esto conlleva, así que se esperan hasta el último momento. Esto les deja menos tiempo para solucionar los contratiempos y les produce más estrés.

A veces se produce cuando nos enfrentamos a muchas decisiones y somos incapaces de completar asuntos de importancia.

¿Cómo acabas con este problema? Te damos algunos consejos que cualquiera puede usar, consejos que te ayudarán a administrar mejor tu tiempo y hacerle frente a las razones que te llevan a postergar las cosas.

* Primero establece tus objetivos. Decide exactamente lo que quieres. Escribe tus metas y objetivos antes de empezar. La mejor manera para terminar con este mal es identificar los hábitos que tienes, los cuales te hacen postergar las cosas, y luego aprender nuevas maneras para controlar esos hábitos. En otras palabras, aprende cómo convertir los malos hábitos en buenos. Para conseguirlo primero tienes que averiguar por qué tienes hábitos que te hacen desperdiciar el tiempo, lo que nos lleva a nuestro próximo consejo.

* Encuentra el "por qué" detrás de tus hábitos. ¿Odias tu trabajo y por lo tanto no te quieres levantar en las mañanas? ¿Tienes alguna actividad ese día (como ir al dentista) y no lo quieres hacer? Una vez que sepas "por qué" dejas las cosas para después, es más probable que encuentres razones que justifiquen el no postergar las cosas y cumplas con las tareas de tu lista.

* Prémiate cuando no postergues las cosas. Supongamos que no quieres ir al dentista porque asocias el dolor con el consultorio del dentista. En lugar de irte por las ramas, postergarlo y no sacar la cita, acaba con eso de una vez por todas. Levanta el teléfono y programa una cita para que tengas que ir lo más pronto posible. De esta manera tendrás menor probabilidad de arrepentirte y comenzarás un nuevo hábito, haciéndole frente a las cosas difíciles de manera que puedas disfrutar del resto del día.

* Realiza primero la parte más difícil o la que involucra más tareas de tu lista de "cosas por hacer", y luego sigue con las tareas más fáciles. De esta manera no te quedarás sin tiempo mientras intentas encontrar algún plan maestro, algo que requiere mucho tiempo y energía. Al final del día, cuando ya no tienes energía, quieres tener tiempo para relajarte. Deberías dedicar esta parte del día a trabajar en tareas menos demandantes, no trabajar en tareas difíciles que te van a producir estrés.

* Pídele a alguien que esté pendiente. La mejor manera de evitar el postergar las cosas es que asumas responsabilidad por tus acciones. Si quieres comenzar algo entonces cuéntale a alguien más tus planes. Solicítale a esta persona que te pida cuentas de tu progreso. Envíale un reporte diario de tus logros, aunque este no sea nada más que una llamada telefónica para decirle "Sí, lo hice todo, gracias por estar pendiente."

* Usa un reloj para aprender a llevar un control del tiempo. Algunas personas en realidad no saben cómo administrar el tiempo porque no se dan cuenta de lo rápido que pasa. Una manera de evitar que esto suceda es comenzar a usar un reloj. Prográmalo para que te des cuenta cuánto tiempo te toma llevar a cabo ciertas cosas, como darte una ducha, hacer el desayuno, manejar hasta el trabajo, etc. De esta manera no subestimarás el tiempo que necesitas para realizar tareas

importantes. También es probable que separes tiempo suficiente para completar tareas importantes porque te darás cuenta cuánto tiempo te toma llevarlas a cabo.

"En un momento de decisión lo mejor que puedes hacer es lo que hay que hacer, y lo peor que puedes hacer es no hacer nada." Theodore Roosevelt.

Planifica cada hora de tu día

Cuando recién estás aprendiendo a administrar tu tiempo, te darás cuenta de que es más fácil planificar tus días una hora a la vez. Como ya lo hemos mencionado, al principio te parecerá que eso te hace derrochar más tiempo que el que ahorras. Sin embargo, si comienzas a planificar tu día una hora a la vez, comenzarás a darte cuenta de patrones que te pueden llevar a postergar las cosas, a estresarte o a una administración del tiempo poco exitosa.

Puedes usar tu diario para administrar el tiempo como una guía para administrar tus días enteros. Una vez que has identificado tus hábitos y detonadores que desperdician tiempo, puedes planear tu día alrededor de ellos. Comienza planificando un fin de semana en el que no vayas a desperdiciar mucho tiempo. Una vez que hayas dominado el arte de maximizar tu tiempo durante los fines de semana, puedes comenzar a ahorrar tiempo entre semana.

Descubrirás que desperdicias mucho menos tu tiempo una vez que ya sabes cómo planificar exitosamente un día o dos.

Planifica para lo inesperado

No importa qué tan bueno seas planificando, nunca puedes planearlo todo. Lo cierto es que en algún momento te toparás con un obstáculo en el camino. ¿Recuerdas el embotellamiento? Siempre te puedes topar inesperadamente con un accidente o algún otro problema pasajero en tu día que puede impactar tu horario perfectamente planificado.

Aunque no puedes evitar lo inesperado, puedes planear con anticipación por si sucede. Asegúrate de tener una pequeña ventana de tiempo adicional cada día que te ayude a compensar por si sucede algo inesperado.

Puedes dejar disponibles cinco, diez o quinte minutos de tu horario por si sucede algo imprevisto. Deberías evitar planear actividades una detrás de otra sin ningún espacio de tiempo entre ellas. Esto te conducirá inevitablemente al desastre. ¿Por qué piensas que cuando vas al consultorio del doctor te tienes que sentar en la sala de espera por más de treinta minutos después de la hora señalada de tu cita?

Esto es así porque las citas de los pacientes se programan una detrás de la otra, pensando que cada una de ellas tomará veinte minutos exactos. No siempre sucede de esa manera, y puedes aprender de ello. Piensa en tu vida de la misma manera, y es más probable que puedas superar los obstáculos que se te presentan cuando aparece lo inesperado.

La administración del tiempo tiene mucho que ver con mirar hacia el futuro y planificar para lo inesperado, como también lo es definir metas y priorizar tu horario. Puedes organizarte y planificar tus días, pero si no te preparas para lo inesperado sentirás que no tienes tiempo.

Sin embargo, si te mantienes con la mente abierta con respecto a cada uno de los días, tienes planes de respaldo en caso de que algo se tuerza de camino, y si también practicas las técnicas para reducir el estrés y poder lidiar con el caos, es más probable que puedas comenzar a administrar tu vida de una manera más eficiente, lo que te conducirá a una vida más feliz y saludable.

Asignación 4 – Cómo planificar y ordenar tu vida

Ahora que ya sabes cómo administrar tu tiempo más eficientemente, es hora de que comiences a bosquejar tus días para que el arte de la administración del tiempo se vuelva algo automático, sin que ni siquiera pienses en ello.

"La planificación trae el futuro al presente para que hoy puedas hacer algo al respecto." Alan Lakein

Todo este tiempo te he presentado herramientas que te ayudan a planificar y organizar tu día. Ahora es tiempo de que hayas aprendido a hacerlo. Aquí te digo cómo. Sigue los pasos de esta lista. Una vez que lo hayas hecho estarás listo para conquistar el mundo de una manera oportuna y eficiente.

1. Escribe en un papel tus metas y objetivos. Una vez que tienes algo por escrito es más probable que te comprometas a cumplirlo.

2. Escribe una fecha tentativa para la que ya tienes que haber cumplido con tu objetivo. Está bien si te pasas de esta fecha por uno o dos días, pero querrás estar cerca de la fecha. Algunas personas descubren que les es más fácil cumplir con sus metas si usan un calendario.

3. Crea una imagen mental de ti mismo logrando realizar tus metas a tiempo, cada día. Cuando estés pensando en ello, asegúrate de pensar en todas las cosas que sentirías si terminaras a tiempo tu meta, y planea en tu mente qué harías una vez que lo hayas logrado. Esto va preparando tu subconsciente para ir adelante en la vida.

4. Cada día planifica el próximo día haciendo una lista

de tareas o de "cosas por hacer", o definiendo metas y objetivos para el día siguiente. Escribe cómo las vas a llevar a cabo y cuánto tiempo te va a tomar eso. Luego define los pasos que tienes que realizar y el tiempo que cada uno te va a tomar para llevarlos a cabo. De esta manera no desperdiciarás tiempo cuando te ocupes de las actividades que planees para cualquier día.

5. Define prioridades en tu lista de actividades. Una vez que lo hayas hecho, identifica cuáles actividades te tomarán más tiempo en terminarse y trabaja en ellas primero. Deshazte de ellas de manera que puedas disfrutar del resto del día. Si no terminas todas tus tareas, pon las cosas que no terminaste en la lista de cosas para hacer el día siguiente. En un día cualquiera querrás asegurarte de poder completar las dos tareas más importantes de tu lista. El resto de las cosas puede esperar. Recuerda que defines prioridades tomando en cuenta las consecuencias de no lograr completar una meta a una hora determinada en un día en específico.

6. Asegúrate de tachar las cosas de tu lista conforme las vayas logrando y premiarte cuando algún día logres terminar todas las tareas. Es más probable que te mantengas por buen camino si te premias por el esfuerzo que pones en organizar tu vida y tu tiempo.

7. Si descubres que te sobra un poco de tiempo, de vez en cuando puedes adelantar las tareas para el día siguiente. De esta manera verás que tendrás más

tiempo cuando termine el día siguiente o al final de la semana, cuando quieres tener más espacio para relajarte.

Por último, pero no por ello menos importante, cuando hagas tu lista asegúrate de que asignes algo de tiempo para la diversión. Si no pasas un tiempo relajándote y disfrutando de la vida, es probable que no vayas a vivir lo suficiente para disfrutar del esfuerzo que haces para aprender a trabajar más eficientemente. Las actividades para administrar el tiempo deberían incluir periodos para el descanso y la diversión. Recuerda esto y la pasarás bien planificando los próximos días.

Líderes de la Administración del Tiempo

A través de la historia muchos líderes han dedicado largas horas al tema de la administración del tiempo. Más recientemente, especialistas en negocios y gurús de autoayuda o consultores han dedicado mucho de su "tiempo" a enseñarles a las personas cómo manejar su tiempo eficiente y productivamente. Aunque muchos toman enfoques diferentes, también tienen varias características en común.

Algunas de las personas más destacadas con respecto a la administración y supervisión del tiempo son:

* Stephen R. Covey – Covey publicó muchos libros en los que le ofrecía a los lectores herramientas que podían

usar para "categorizar" el tiempo usando varios enfoques de administración, entre ellos relojes, calculadoras, medidas para planificar y definir prioridades. Él es y probablemente lo siga siendo, uno de los autores más populares, uno que constantemente anima a las personas a detenerse, evaluar sus metas, su vida y sus herramientas, para crear más tiempo de maneras más eficaces y productivas.

* Thomas Limoncelli – Limoncelli es el autor del libro "Time Management for System Administrators" (Gestión del Tiempo para Administradores), una obra interesante que se enfoca en el tema de la administración del tiempo para un grupo específico de personas. El autor muestra cómo la administración del tiempo es una característica esencial que los administradores deben tener, y enseña a los administradores cómo alcanzar sus metas sin comprometer la calidad. Algunos de los consejos que ofrece son para administrar las interrupciones, disminuir la cantidad de eventos que desperdician el tiempo, y desarrollar rutinas para que los proyectos puedan ser terminados a tiempo, cada vez.

* Dan Kennedy – Dan Kennedy, un conocido empresario y orador, ofrece destrezas de administración del tiempo para ejecutivos y profesionales que se han hecho a sí mismos, en su trabajo "No B.S. Time Management for Entrepreneurs", como parte de su serie No B.S. Series. Este libro es muy popular entre los

vendedores y otros gurús de internet que crean negocios que comienzan a tener éxito muy rápido, en esos días cuando sus fundadores se preguntan dónde encontrar tiempo para poder mantener sus cabezas por encima del agua.

* Randolph Pahlman, Gardiner & Heffes escribieron "Value Drive Management: How to create and Maximize Value over Time for Organizational Success" (Administración liderada por el valor: Cómo crear y maximizar el valor a través del tiempo para el éxito en la organización). Este libro trata acerca de la administración del tiempo desde una perspectiva organizacional, indicando que para poder crear tiempo primero hay que crear una cultura que esté conducida por valores dentro de esa organización.

Esta lista abarca solamente unos pocos de aquellos autores que han comprometido sus vidas a ayudar a que otras personas se vuelvan más productivas en sus vidas y en sus lugares de trabajo.

7

Productividad al máximo nivel

"Si potenciamos la productividad, podemos mejorar el crecimiento económico." Tony Abbott, primer ministro de Australia

Lo que sigue a continuación es un extracto de mi libro "El secreto de los Nuevos Ricos", en el cual analizo las reglas de inversión de los ricos, sus maneras de hacer negocios y crear abundancia para generaciones venideras. En este capítulo en particular me gustaría compartir contigo algo muy interesante.

Hace poco estuve escuchando a Tony Schwartz en una conferencia acerca de productividad. Tony Schwartz es el CEO y fundador de "The Energy Project" (El Proyecto Energía), que ayuda a las empresas a tener un alto y sostenible rendimiento para satisfacer mejor las necesidades de sus empleados.

El libro más reciente de Tony, "The Way We're Working Isn't Working: The Four Forgotten Needs That Energize Great Performance" (La forma en que estás trabajando no está funcionando: las cuatro necesidades que energizan un gran rendimiento), fue un bestseller del New York Times y el Wall Street Journal. Su anterior libro, "The Power of Full Engagement: Managing Energy Not Time" (El poder del compromiso completo: Administrando la Energía y no el Tiempo), en coautoría con Jim Loehr, pasó cuatro meses en la lista de bestsellers del New York Times y ha sido traducido a 28 idiomas.

Tony sabe mucho acerca de cómo administrar la energía que gastamos cada día con el fin de ser mucho más productivos ante cada tarea que enfrentamos. Destaco algunos de sus consejos:

La energía es la capacidad de hacer trabajo. Más energía significa más capacidad. Si puedes entrenar tu energía y sistemáticamente aumentarla, entonces producirás más en menos tiempo. Existen cuatro fuentes de energía:

* Energía física. Esto tiene que ver con la nutrición, la actividad física y el sueño (descanso y renovación) que obtengamos. Como seres humanos somos muy buenos gastando energía, pero no lo hacemos tan bien a la hora de recuperarla.

Energía emocional. Para poder hacer las cosas bien necesitas estar en tu máximo potencial. Necesitas sentirte motivado, entusiasmado, fuerte, enfocado, inspirado y confiado. Cada vez que no te sientas de esta manera estarás trabajando a bajo rendimiento.

Energía mental. Esto no tiene nada que ver con el coeficiente intelectual, sino que se trata de enfocar nuestra atención. La fuente más poderosa de energía es la capacidad de pensar y absorber. Nuestra atención está siendo atacada, por lo que hemos perdido la habilidad de enfocar nuestra atención.

Propósito. El 95% de nuestras actividades son hechas automáticamente. Las hacemos por hábito. Esto es lo que yo llamo "rituales". Los rituales son comportamientos específicos que con el tiempo se convierten en actividades automáticas, y son hechos en un momento específico y en un tiempo preciso.

Es lo que la mayoría de los atletas hacen, y lo repiten tantas veces que lo hacen sin pensar. En este tipo de actividad ya ni piensas. Si deseas saber si alguna actividad se ha convertido en un ritual para ti, simplemente pregúntate lo siguiente: "¿Me siento atraído al hacerlo o tengo q pensar mucho cada vez que quiero hacerlo?"

En cuanto al punto número uno, en el cual vimos que el descanso y la renovación son parte de la energía física, me gustaría decir lo siguiente: Hay un problema con la mayoría de las organizaciones, y es que generalmente tratamos a los demás como si fueran simples máquinas productoras. Los seres humanos no estamos diseñados para trabajar de esa forma. Por eso cada vez que derrochamos mucha energía nos cansamos, y si estamos agotados, perdemos productividad. Por esta razón es que el proceso de recuperación física es muy importante, y no es la cantidad sino la calidad de esa renovación lo que marcará la diferencia.

Analicemos ahora qué es lo que separa a los tenistas profesionales que están clasificados en los lugares más altos de la tabla de posiciones, de los que no lo están. En el momento entre un punto y el otro, todos estos tenistas hacen las mismas cuatro actividades sin darse cuenta, se están recuperando de la siguiente manera:

Se alejan de la red. Una vez que el punto se jugó, se acabó. Es como si pensaran "no invertiré mi energía donde no vale la pena." Simplemente se olvidan de lo que ya pasó, porque no lo pueden cambiar. Cualquier energía derrochada allí es un consumo de energía innecesario.

Cambian la raqueta desde la mano dominante hacia la más débil. ¿Por qué? Para relajar los músculos.

Juegan con las cuerdas de la raqueta. No están pensando en el próximo punto. No quieren que el cerebro interfiera con su cuerpo. Por eso es que no miran a su alrededor, quieren estar 100% concentrados y enfocados.

Caminan con confianza. Saben que si lo hacen bien ganarán, pero si cometen un error, perderán. Por eso caminan con un aire de coraje: cabeza arriba, hombros atrás y confianza por delante. El cuerpo y la mente son uno solo. La manera en que sostienes tu cuerpo influencia profundamente cómo te sientes. Intenta sonreír y *pensar al mismo tiempo qué desdichado eres por sentirte tan depresivo: ¡no puedes, porque tu cuerpo nunca te dejará hacerlo!*

La recuperación y la renovación de tu cuerpo te llevarán a la máxima productividad. Y si todavía no me crees, te pregunto: "¿Dónde fue que conseguiste tu más reciente idea?" Seguro fue cuando estabas relajado, tal vez tomando una ducha, distendido con amigos o acostado en algún lugar. Pero indudablemente fue cuando estabas relajando tu cuerpo.

Cuando administras eficientemente toda tu energía puedes lograr mucho más en menor tiempo, y con un nivel mayor de compromiso.

Hábitos que necesitas eliminar

Hay muchas listas de cosas para hacer, pero esta lista de hábitos de los cuales necesitamos deshacernos puede ayudarte para que te enfoques en lograr las cosas que realmente necesitas hacer con el fin de alcanzar una productividad óptima.

1. Nunca atiendas llamados de números de teléfono que no reconoces. Por lo general serán simplemente una interrupción más.

2. Nunca revises tus correos electrónicos apenas llegas a la oficina o justo antes de acostarte. Los emails pueden esperar hasta las 10 de la mañana, cuando ya hayas hecho algo productivo.

3. Nunca aceptes asistir a reuniones que no tienen una agenda clara o que no posean horario de finalización.

4. No dejes que la gente divague. Si realmente quieres lograr tus objetivos, una parte importante es ir al grano con el tema en cuestión.

5. No estés constantemente revisando tu correo electrónico. En vez de ello, revísalos a todos en algún momento específico del día.

6. No pases demasiado tiempo con clientes que aportan pocas ganancias. Realiza una revisión de tu base de clientes estableciendo cuál es el 20% de ellos que te generan el 80% de tus ganancias y cuál es el 20% que está consumiendo el 80% de tu tiempo. Enfócate en fortalecer tus pocas áreas fuertes en vez de intentar arreglar todas tus debilidades.

7. Cede a la tentación de trabajar de más para resolver las cosas. Prioriza las tareas importantes. Enfócate en terminar lo necesario y luego vete.

8. Descansa de tu celular al menos un par de horas por día. Apágalo o mejor aún, toma algún día entero sin tu dispositivo móvil.

9. Nunca esperes que el trabajo llene el vacío que solo pueden llenar las relaciones sociales. La felicidad compartida con verdaderas amistades es amor y felicidad multiplicada.

Conclusión

Un reciente anuncio de televisión en el Reino Unido mostraba algunas imágenes de niños retando a sus padres por su obsesión con el trabajo. "Estás despedido", decían los niños cuando los padres llegaban a sus casas tarde luego de un arduo día de trabajo, o luego de perderse momentos especiales.

El anuncio publicitario terminaba con la siguiente declaración: "recuerda para quién estás trabajando."

Una buena gestión del tiempo te permite apreciar lo que tienes ahora, los placeres de la vida, y también saber que estás en el camino correcto a lograr los objetivos que antes te has establecido.

Trata de pensar de nuevo sobre lo que estás haciendo y lo que esperas lograr. El estar satisfecho con lo que tienes puede ser una experiencia liberadora. Saber cuánto es suficiente podría transformar tu percepción de éxito. El beneficio real de la gestión del tiempo es que no estás haciendo cosas equivocadas por las razones equivocadas.

Piensa en lo que realmente valoras en la vida y lo que tienes que hacer para disfrutar de ella.

Te animo a que leas una vez más este libro y que hagas los ejercicios, si todavía no los hiciste. Te aseguro que cambiarán la manera en que piensas, y si cambias tu manera de pensar, cambiará tu manera de vivir

Estimado Lector

Nos interesan mucho tus comentarios y opiniones sobre esta obra. Por favor ayúdanos comentando sobre este libro. Puedes hacerlo dejando una reseña en la tienda donde lo has adquirido.

Puedes también escribirnos por correo electrónico a la dirección info@editorialimagen.com

Si deseas más libros como éste puedes visitar el sitio de **Editorialimagen.com** para ver los nuevos títulos disponibles y aprovechar los descuentos y precios especiales que publicamos cada semana.

Allí mismo puedes contactarnos directamente si tienes dudas, preguntas o cualquier sugerencia. ¡Esperamos saber de ti!

Más libros de interés

Cómo mejorar la memoria y la concentración - Técnicas para aumentar tus capacidades mentales y lograr que el cerebro funcione a su máximo rendimiento

¡Descubre cómo recordar fácilmente nombres, caras, números, eventos y cualquier información usando técnicas sencillas pero poderosas que hasta un niño de 12 años puede aplicar!

Alcance Sus Sueños - Descubra pasos prácticos y sencillos para lograr lo que hasta ahora no ha podido

Este libro ha sido escrito con el propósito de ayudarle a alcanzar aquellas metas que todavía no ha logrado y animarle a seguir luchando por aquellos sueños que está persiguiendo.

He dividido esta obra en 6 capítulos pensando cuidadosamente en todas las áreas involucradas en el proceso de alcanzar nuestras metas y lograr nuestros sueños.

El Arte De Resolver Problemas

- Cómo Prepararse Mentalmente Para Lidiar Con Los Obstáculos Cotidianos

Todos tenemos problemas, todos los días, desde una pinchadura de llanta, pasando por una computadora que no enciende a la mañana o las bajas calificaciones de un hijo en el colegio. Sin embargo, debe prestar atención a sus capacidades para ser cada vez más y más efectivo.

Cómo Desarrollar una Personalidad Dinámica

- Descubre cómo lograr un cambio positivo en ti mismo para asegurarte el éxito

La actitud correcta no sólo define quién eres, sino también tu enfoque y el éxito que puedas llegar a alcanzar en la vida.

En este libro aprenderás los secretos de las personas altamente efectivas en su negocio, cómo desarrollar una actitud positiva para tu vida familiar y tu profesión, cualquiera que esta sea.

Cómo Hablar en Público Sin Temor - Estrategias prácticas para crear un discurso efectivo

Hablar en público, en especial delante de multitudes, generalmente se percibe como la experiencia más estresante que se pueda imaginar. Las estrategias de oratoria presentadas en este libro están diseñadas para ayudarte a transmitir cualquier idea y mensaje ya sea a una persona o a un grupo de gente.

Cómo influir en las personas

Aprende cómo ejercer una influencia dominante sobre los demás. Un manuscrito descubierto recientemente enseña técnicas de control mental novedosas, provenientes de un estadista oriental antiguo.

Si realmente apuntas a la grandeza, riqueza y éxito en todas las áreas de tu vida, DEBES aprender cómo utilizar la influencia dominante sobre otros.

Lean Manufacturing En Español
- Cómo eliminar desperdicios e incrementar ganancias, Descubre cómo implementar el Método Toyota exitosamente

En este libro hallarás una gran variedad de consejos e historias reales de casos exitosos, incluyendo información reveladora y crucial que muchas empresas ya han puesto en práctica para agilizar sus procesos de producción y lograr la mejora continua.

El Secreto de los Nuevos Ricos -
Descubre cómo piensan las mentes millonarias del nuevo siglo

La razón por la cual la mayoría de los individuos batalla con sus finanzas es porque no comprende la naturaleza del dinero o de cómo funciona el sistema económico actual.

Hoy en día existen personas jóvenes que ya son ricas y han prosperado con éxito. En este libro descubrirás cómo piensan aquellos que han logrado enormes fortunas y cuáles son las reglas del juego en esta nueva economía.

Cómo ganar amigos e influenciar a las personas en el siglo 21 - Lecciones transformadoras que le permitiran a cualquiera conseguir relaciones duraderas y llevarse bien con personas en todos los ambitos de la vida moderna.

¡Descubre cómo puedes vivir una vida plena convirtiéndote en un profesional de las relaciones sociales! Todos tus amigos te apreciarán como a nadie y podrás disfrutar de tus amistades como nunca antes.

Los Secretos Del Pensamiento Innovador - Cómo Generar Nuevas Ideas - Guías Prácticas De Autosuperación

Este libro le ayudará a descubrir el creativo que está dentro suyo.

El pensamiento innovador es algo que puede ayudarle en muchos aspectos de su vida. Es posible utilizar ideas innovadoras para cientos de cosas diferentes. Inventar un nuevo producto, crear una fórmula revolucionaria, desarrollar una exitosa idea de negocios, los límites están en su propia imaginación.

Cómo Adoptar Un Pensamiento Creativo - Generando Nuevas Y Provechosas Ideas

El pensamiento creativo es algo que usted puede estimular y entrenar. Algunos seres humanos nacen con una habilidad natural para desarrollar pensamiento creativo, mientras que otros deben esforzarse para lograrlo. Sin embargo, es posible para cualquier persona transformarse en un gran pensador creativo tanto habiendo nacido con este don natural o bien trabajando en ello.

El Fabuloso Poder Del Pensamiento Positivo - Cómo Manejar Los Momentos Frustrantes Y Convertir Las Dificultades En Un Entorno Productivo

El pensamiento positivo desempeña un papel muy importante en la vida. Una persona que piensa positivo acabará teniendo una vida más efectiva que alguien que piensa negativamente.

Un pensador positivo será capaz de permanecer optimista en cualquier situación que enfrente. Eso es porque no vive ni se estanca en lo negativo.

CPSIA information can be obtained
at www.ICGtesting.com
Printed in the USA
LVOW04s1745240416

485095LV00029B/982/P